中国博物馆

博物馆寻宝记

胡卫军◎主编
刘智◎文
钟汶霖◎图

湖南少年儿童出版社
HUNAN JUVENILE & CHILDREN'S PUBLISHING HOUSE
· 长沙

图书在版编目（CIP）数据

博物馆寻宝记. 中国博物馆 / 胡卫军主编 ; 刘智文,
钟汶霖图. -- 长沙 : 湖南少年儿童出版社, 2025. 8.
ISBN 978-7-5562-8342-2

Ⅰ. K86-49

中国国家版本馆CIP数据核字第2025HE1692号

博物馆寻宝记——中国博物馆

BOWUGUAN XUNBAO JI——ZHONGGUO BOWUGUAN

总 策 划：胡隽宓
策划编辑：罗晓银
责任编辑：罗晓银　李雨萍
封面设计：嘉泽文化
版式设计：王管坤
内文排版：嘉偉文化 JARLV CULTURE
插画助手：王嘉阳
营销编辑：罗钢军
质量总监：阳　梅

出 版 人：刘星保
出版发行：湖南少年儿童出版社
地　　址：湖南省长沙市晚报大道89号
邮　　编：410016
电　　话：0731-82196320（办公室）
常年法律顾问：湖南崇民律师事务所　柳成柱律师

印　　刷：长沙新湘诚印刷有限公司
印　　张：9
开　　本：787 mm × 1092 mm　1/16
字　　数：150千字
版　　次：2025年8月第1版
印　　次：2025年8月第1次印刷
书　　号：ISBN 978-7-5562-8342-2
定　　价：45.00元

质量服务承诺：若发现缺页、错页、倒装等印装质量问题，可直接向本社调换。
服务电话：0731-82196362

序 言

博物馆是一个区域的文化地标，到一个地方旅游，去当地的博物馆看一看，是了解这个省或这个城市历史文化最快捷的方式；外国友人来中国，去一趟国家博物馆，就能把中国最精华的文物尽收眼底。亲近博物馆，应该从孩子开始，现在越来越多的家长愿意带着孩子去博物馆长见识，越来越多的学校将历史与美育课堂搬到博物馆，因此，我们编写了这本图文并茂的小书，以期成为亲子博物馆之旅的导览手册。

孩子天生的好奇心理，可以通过寻宝来满足，因此我们这本书正是从“镇馆之宝”切入。不过这个“宝”，不应赋予其金钱价值，而应看重其具有的文化含金量。无论是一级文物、禁止出国（境）展览文物，还是绝品、孤例，这些头衔背后的珍贵文物，大部分自是名满天下，我们在教科书里早已认识；也有的其貌不扬但身份显赫，体量不大却举足轻重，皆是收藏它们的博物馆压箱底的宝贝，有了这本书，我们就能按图索骥。

寻宝只是引子，是驱使孩子们走入宝库的动力，但真正进入了文物世界，或许眼中件件都是宝，不会分彼此厚薄，因为它们不大的身躯都承载着厚重的历史。

我们选取了中国省级行政区的代表性博物馆，向大家介绍各自的“镇馆之宝”。镇馆之宝没有绝对的答案，有的是从专业角度评的，有的是依观众喜爱程度定的，与当下的流行恰好契合而成为“宝”的也不乏其例。限于篇幅，我们无法涵盖每个人心中认定的那个国宝，因此，在选择哪些文物上，我们有自己的一些想法。首先应尊重各博物馆的甄选，有几家博物馆直接用某件文物作为馆徽图案，那这件文物一定是博物馆最珍视的，理应直接入选；其次我们选择的文物虽然不一定拥有超高人气，但能成为地域文化的代表；另外从整体而言，各家“镇馆之宝”尽量选择不同类别的文物，再甄选几件编入“国宝撷英”作为补充。

我们这本书的目的不是仅让孩子们知晓列入书中的国宝，而是让他们通过一件“宝”，对一类“宝”产生兴趣，进而从一个馆走到下一个馆，参观了知名的大馆，还能寻访名气不那么大但绝对值得一看的地市博物馆，甚至直接去遗址现场、考古公园看一看，不断拓展自己的视野。

当然，去一个城市看博物馆，或许只是文化旅游的一个环节，我们还会为游览这个城市提供一些简单的指南。虽然我们能在网上很轻易地查检各种攻略，但我们一些不同的视角能为亲子出行给出参考，以喜好为指引，走出一条个性化而有所收获的文旅路线。

从博物馆寻宝到爱上灿烂的中国文化，我们一起踏上旅途吧！

刘智

目录

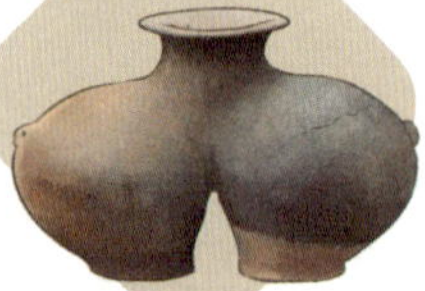

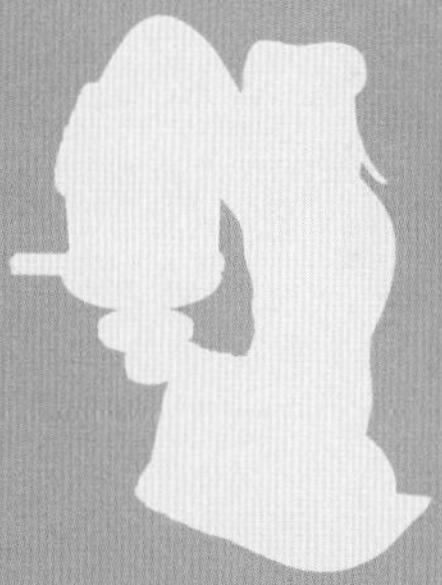

中国国家博物馆

北京市东城区东长安街 16 号

中国国家博物馆，是国家最高历史文化艺术殿堂。1959 年，中华人民共和国成立十周年之际，中国历史博物馆（国家博物馆前身）为筹备“中国通史陈列”，向各地征调文物进京。四羊青铜方尊作为湖南出土文物的代表，从此在国家博物馆安了家。多年来，它长期出现在中小学历史课本上，成为国内知名度非常高的青铜器之一。

镇馆之宝 四羊青铜方尊

四羊青铜方尊通高 58.6 厘米，重达 34.6 千克，是中国现存商代青铜方尊中最大的一件。“尊”是酒器，四羊方尊将常见的动物形尊与方尊合二为一，别具匠心。尊体方口大沿，颈部高耸，装饰着精美的蕉叶纹、长冠鸟纹、夔龙纹和饕餮纹。最引人注目的，

莫过于其肩部四角的卷角羊头，它们栩栩如生，羊头与羊颈伸出器外，羊身与羊腿则巧妙地附着于器的腹部及圈足上。

作为举足轻重的礼器，青铜尊常常出现在祭祀仪式上。在商代，牛羊是祭台上不可或缺的牲畜，方尊上的羊头造型，极有可能象征着作为祭品的羊。当时的统治者通过祭祀活动，希望获得上天的眷顾，所以在祭祀礼器的设计上处处用尽心思。中国人自古对羊这种温驯的动物喜爱有加，并且将羊和美好的事物联系在一起，比如甲骨文中的“美”字，就是头顶大角的羊形，“羊”字后来还衍生出“吉祥”的“祥”。

四羊方尊集线雕、浮雕、圆雕于一器，将平面图形和立体雕塑结合起来，给冰冷厚重的青铜器增添了端庄、典雅的神韵。

不过，这件青铜铸造的巅峰之作，命运甚是坎坷。1938 年春天，四羊方尊在湖南省宁乡县黄材镇出土后，几经辗转，被保存在中央银行湖南省分行的地库中。当时正值抗日战争时期，日军兵临长沙，古城危机四伏。四羊方尊被银行工作人员转移到沅陵县。遗憾的是，方尊未能在战火中得以保全，在一次空袭中，一颗炸弹把它炸成 20 多块碎片。

新中国成立后，1952 年，湖南省文物系统的工作人员多方探寻，终于找到了四羊方尊的碎片，在经过文物工作者的精心修复后，四羊方尊终于恢复了原有的迷人风采，如今在国家的“文化客厅”中熠熠生辉。

国宝撷英

鹳鱼石斧图彩绘陶缸

距今 6000 年左右，黄河流域的仰韶先民在一个陶缸上留下了这样一幅图画：一只身材粗胖的鹳鸟，身体微微后倾，衔着一条鱼。它们的眼睛形成了鲜明的对比：鹳鸟的眼睛显然进行了艺术的夸张，瞪得圆溜溜的，炯炯有神地盯着口中的猎物，想要饱

餐一顿；而鱼眼仅被画笔随意一点，毫无生气，流露出放弃挣扎的无奈和颓败。鹳与鱼的右侧，画有一把威风凛凛的石斧：斧头与木柄都有钻孔，可穿绳相互绑缚；木柄下端缠着密集的麻绳，增加摩擦，方便持握；木柄中部有个“X”形符号，整体还挺有设计感。这是迄今发现的新石器时代最大的一幅彩绘陶画。

国宝撷英

孝端皇后凤冠

这件凤冠出土于北京明定陵地宫，属于孝端皇后。

凤冠以漆竹丝编成帽胎，里外裱糊一层罗纱。正面上层有九龙，中层为八凤，下层绕以三排珠串饰，背面上部立一凤，龙凤皆口衔小串珠滴，走路的时候，珠滴会跟随人的步伐摇晃。冠后有博鬓（礼冠的装饰，形似小尾巴），左右各三扇。

凤冠的制作采用了点翠、镶嵌、穿系等诸多工艺。比如翠凤用的是巧夺天工的点翠工艺，所谓“点翠”，就是用金银做一个底托，再将翠鸟的羽毛镶嵌于上，异常珍贵。镶嵌和穿系工艺体现在遍布冠身的未经雕刻的宝石和珍珠上，整个凤冠上共嵌宝石 115 块，珍珠 4414 颗，真可谓行走的珠光宝气。国博以此为设计灵感开发的冰箱贴一度引发抢购热潮，成为文创“销冠”。

文旅延伸

北京胡同

胡同，是老北京城的根，保留着老北京的痕迹，有着讲不完的故事。想要感受京城的悠久历史与市井气息，就得从北京胡同开始。

南锣鼓巷既有着北京古老街区的沧桑感，又充满着热闹与时尚感；国子监胡同保留着许多老北京的历史遗迹，给人以庄严肃穆之感；史家胡同京味十足，故事也更多，每一个门牌号仿佛就是一段历史的见证；东交民巷曾是使馆区，这里洋房林立，仿佛一幅西洋建筑画卷徐徐展开；前门大街是一条熠熠生辉的商业长廊，许多京城老字号总店在这里焕发着勃勃生机，堪称一部北京活历史。

故宫博物院

北京市东城区景山前街 4 号

镇馆之宝 千里江山图

2017 年，宋代名画《千里江山图》在故宫公开展出时，很多人排队数小时就为了亲眼一见这 12 米的长卷。随着这幅画的“出圈”，专业术语“青绿山水”也走进了大众视野。

“青绿”是就绘画材料而言，即以矿物质的石青、石绿为主要设色颜料，其源头可以追溯到敦煌壁画。

《千里江山图》上没有题款，“希孟年十八岁”是蔡京在题跋中留下的唯一关于作者的信息，甚至直到清代，人们才从其他记载中了解到希孟全名为“王希孟”。这位少年考入了当时的美术最高学府——国子监画学。一开始，希孟的作品在技法上并不纯熟，但宋徽宗看出其天赋，便多次亲自教授。不到半年，希孟按照徽宗的审美趣味，用御赐的绢本和颜料，交出了这份“命题作业”，并受到了皇帝的嘉奖。

作者用“咫尺有千里之趣”的表现手法和精密的笔法，以江南丘陵地区的景观为蓝本，描绘了祖国的锦绣河山。千山万壑，

争雄竞秀，江河交错，烟波浩渺。从着色看：山峰呈青色，山腰呈绿色；远山黛青，近山浓绿。这种设色布局，是基于现实中“远山青，近山绿”的视觉效果。

《千里江山图》并不是一幅单纯的山水画，而是一幅以山水为背景，将文人志趣与百姓生活画面融入其中，在宏大的规模中拥有细腻精心的笔墨表现的画。在山水之间，总能找到行吟、对谈、品茶的文人高士，也兼顾了风俗画里反映百姓生产、生活的画面，如运输物资的毛驴，溪中行进的货运船只，以及驾舟捕鱼、挖泥积肥、行旅呼渡等细节，人物虽小如豆，形象动态却鲜明逼真。画中的建筑物也描绘得非常细致，数量繁多、类型丰富的住宅，对于了解宋代建筑及其布局，有一定的参考价值，特别是干阑式及吊脚式地域风格建筑、各式木制桥梁等颇具史料价值。

《千里江山图》一百年来只展出了三次，再次展出不知要等待多久，但有亲见的机会一定不要错过，因为看到原作的震撼，将远远超出你的想象。

国宝撷英

掐丝珐琅缠枝莲纹象耳炉

故宫博物院是世界上收藏中国古代金属胎珐琅器数量最多的地方。所谓“掐丝珐琅”，就是在金属胎（一般是铜胎）上，用细细扁扁的铜丝作为线条，掐出漂亮的图案，再用各色珐琅将图案填充，经火烧结，然后再磨光、镀金的工艺。

这件掐丝珐琅缠枝莲纹象耳炉是一件高水平的元代作品。炉颈部在浅蓝釉地上，饰黄、白、红、紫四色菊花十二朵；腹部在宝蓝釉地上，饰红、白、黄三色缠枝莲花六朵。釉质细腻洁净，表面晶莹若水晶，色泽搭配和谐，富丽典雅。

由于铜胎掐丝珐琅在明代景泰年间获得了史无前例的发展，又因多用宝石蓝、孔雀蓝色釉作为底衬色，且“琅”的发音近似“蓝”，故铜胎掐丝珐琅又称“景泰蓝”，时至今日，仍是具有北京特色的工艺品代表。

国宝撷英

黑漆彩绘楼阁群仙祝寿钟

明末清初，英国、法国、瑞士等国家生产的欧洲机械钟表开始传入我国，逐渐取代了圭表、日晷、漏壶等传统计时器。清代宫廷大量使用机械钟表，机械钟表后来成为宫廷文物的重要门类，故宫博物院专辟“钟表馆”收藏展示。

西洋钟里，英国“写字人钟”知名度最高，而我国自行制造的钟表里，“黑漆彩绘楼阁群仙祝寿钟”同样神奇。其造型为木胎黑漆彩绘二层楼阁。一层正中为双针时钟，写有“乾隆年制”的钟盘上饰以黄色珐琅。钟盘的左右两侧为变动的布景箱，表演主题分别为“海屋添筹”和“群仙祝寿”。二层为3间房屋，其内各有一报时人，每逢3、6、9、12时，三人依次敲钟碗报时，报时完毕，乐曲声起，布景箱开始“表演”。

这座古朴典雅、工艺考究的钟出自清宫造办处做钟处，共有7套机械系统控制各种功能，具有相当高的技术水准。

文旅延伸

北京中轴线

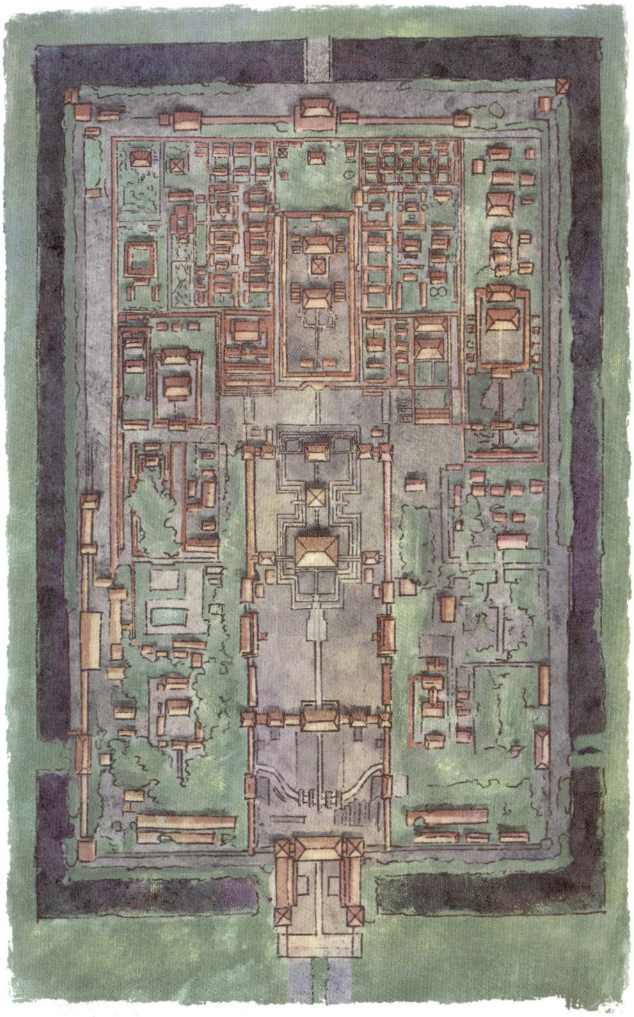

从钟鼓楼一路往南，途经万宁桥、景山、故宫、太庙、天安门、正阳门、永定门……这条形成于元朝，如今依然清晰可见的中轴线，全长7.8千米，被建筑学家梁思成盛赞为“全世界最长也最伟大的南北中轴线”。

“一条中轴线，半部中华史。”北京中轴线，生动地展现出中国传统规划理念对城市发展持久的影响力，反映出中华文明对于国家、城市、民众之间理想秩序的追求和塑造，更见证了中华民族多元一体格局的形成。

“北京中轴线——中国理想都城秩序的杰作”已于2024年7月成功列入《世界遗产名录》，它向世界展示古都北京的脊梁与灵魂，讲述中华民族文明赓续的故事。

黑龙江省博物馆

哈尔滨市南岗区红军街64号

镇馆之宝 金代铜坐龙

金朝第一个都城是上京会宁府，在今天哈尔滨阿城区。这件铜坐龙就是在金上京遗址被一位农民偶然挖到的。

纵观中国历史上的龙形文物，“坐”的造型不多见，目前出土的坐龙均为金代遗物，应是作为皇帝御用车上的装饰物或建筑装饰件。在龙形图案中，坐龙最为尊贵，它一般处在中心位置，上下或左右常衬有奔腾的行龙，比如九龙壁①的中心位就是条坐龙。

铜坐龙弓身踞坐，龙首微扬，前右爪着地，前左爪抬起，踏于祥云之上。龙首和肩部装饰有卷云纹，龙身上虽然没有鳞片，却饰以云纹，有腾云驾雾之感。尾部上翘，与云纹卷成旋状。整体造型独特，集四种动物特征于一

① 中国公认的三座九龙壁，分别位于山西大同代王府、北京北海公园、北京故宫。

身：龙头、犬身、麒麟背、狮尾。俯视这尊铜坐龙，可见嘴部有明显的鹰嘴特征，而龙爪更似鹰爪，这与女真人对海东青的崇拜有一定联系。海东青是一种隼类猛禽，是女真人英勇顽强与智慧的象征，铜坐龙这样的造型将他们的民族精神蕴含其中。一般龙的造型都是双目圆睁，表现威严，而铜坐龙的眼睛则为凤眼，好像笑眯眯的，又有种悠然自得之感，这可能是受唐代龙造型的影响。铜坐龙既继承了中原龙的文明，又突出了金王朝的特点，不难看出，少数民族文化一直在主动地融入中华文化中。

铜坐龙是黑龙江省博物馆的馆徽原型，无疑坐稳了镇馆之宝的头把交椅，同时它也作为哈尔滨阿城区的城市符号，被塑成“金源神龙”的雕塑立于高速公路入城口。

中国服饰史上，金代服饰相关的信息主要是从传世的宋、金绘画和宋、金墓葬中的壁画上获得，另外就是从史料文字中寻觅依据，实物资料一直空缺。直到 1988 年金代齐国王墓被发现，齐国王完颜晏夫妻身上的衣着几乎完好无损，才填补了这个研究空白。正如马王堆汉墓出土大量汉代服饰实物一样，金代齐国王墓被称为“北方马王堆”。

国宝撷英

金代齐国王墓丝织品服饰

该墓葬出土服饰的种类极其丰富，包含了棉、夹、单三大类。尤其珍贵的是十多件“织金”纺织品，“织金”是纺织时用金缕或金箔切成的金丝来织造的技术，“织金”纺织品可谓金丝与蚕丝的交融，在宋、金时期非常流行，堪为极品。一个有意思的地方，完颜晏穿着跟今天几乎一样的踩脚裤，这种今天的女性修身装束却是金代男人的一种典型服饰，脚蹬设计是为了方便骑射。

这批服饰能够完好地保存下来，一方面是因为墓葬的地势高，环境相对干燥，另一方面是东北冬季寒冷且漫长。如此干冷的条件，才造就了如今的华丽呈现。

金代服饰是镇馆之宝，与其差不多同时期的一份“纺织科普图册”也是件瑰宝。

国宝撷英

南宋《蚕织图》

这是一幅近 11 米的长卷，出自南宋楼璹（shú）笔下，是一组记录蚕织生产技术的“连环画”。作品以二十四节气为单元，以当时江浙一带的蚕织户为例，自“腊月浴蚕”开始，到“下机入箱”为止，把养蚕和纺织的整套工艺流程及用具进行了细腻传神的描绘，可以看出古代蚕桑丝绸生产技术至南宋已经定型，后来并无大变。全卷共绘 74 人，皆着花色多样的宋装，给我们留下了直观的资料。

《蚕织图》是清宫旧藏，末代皇帝溥仪将其携来东北，几经辗转被黑龙江省博物馆收藏，当时馆方请故宫博物院的专家鉴定此画，得到了高得吓人的评价：“此卷为文物一级甲品之最，视国宝而无愧，垂青史而不逊矣。”

文旅延伸

圣索菲亚大教堂

圣索菲亚大教堂是哈尔滨的地标性建筑。“圣索菲亚”意为“上帝的智慧”，世界上有三座圣索菲亚大教堂，另外两座分别在土耳其伊斯坦布尔和俄罗斯诺夫哥罗德。

冰城的圣索菲亚大教堂建于 1907 年，最初为沙俄军队修建的一座随军教堂，同一年，由俄国茶商出资，在此基础上修建了一座全木结构的教堂，几经翻修，1911 年改为砖木结构，1932 年又改为砖石结构保存至今。教堂绿顶红墙，是典型的拜占庭式建筑，因为其顶部像个大洋葱，也被称为洋葱头式圆顶建筑。教堂内部今辟为“哈尔滨市建筑艺术馆”，虽然已听不到昔日教堂洪亮的钟声，但它的历史记忆和文化价值仍被人们所珍视。

吉林省博物院

长春市净月区永顺路 1666 号

巍峨的长白山，肥沃的松嫩平原，自古就是边疆多民族的聚居地。吉林省博物院的馆藏以高句丽、渤海、辽金时期的文物最具特色。公元前 2 世纪，东北土著民族在松花江流域建立起第一个政权——扶余国。这件小小的带钩，在东汉都城洛阳制造，是当时汉中央王朝赐予扶余国贵族的，表明当时汉王朝对边疆地区已经实行了有效管辖。

带钩的作用，相当于今天皮带上的卡扣。古人宽衣博带的装束，通常外束一条腰带，腰带分两种：一种是丝织的大带，叫“绅”，可以直接打结，“绅士”这个词就来源于此；另一种腰带由皮革制成，质地较硬，不能像丝带那样打结，就需要用带钩来扣系。

这件带钩的命名，来自其背面的错金铭文“丙午神钩，君必高迁”八字吉祥语。带钩首部如鹰，眼窝内嵌宝石，前额嵌一颗绿松石，还用金银丝错出羽毛的纹样。钩身正

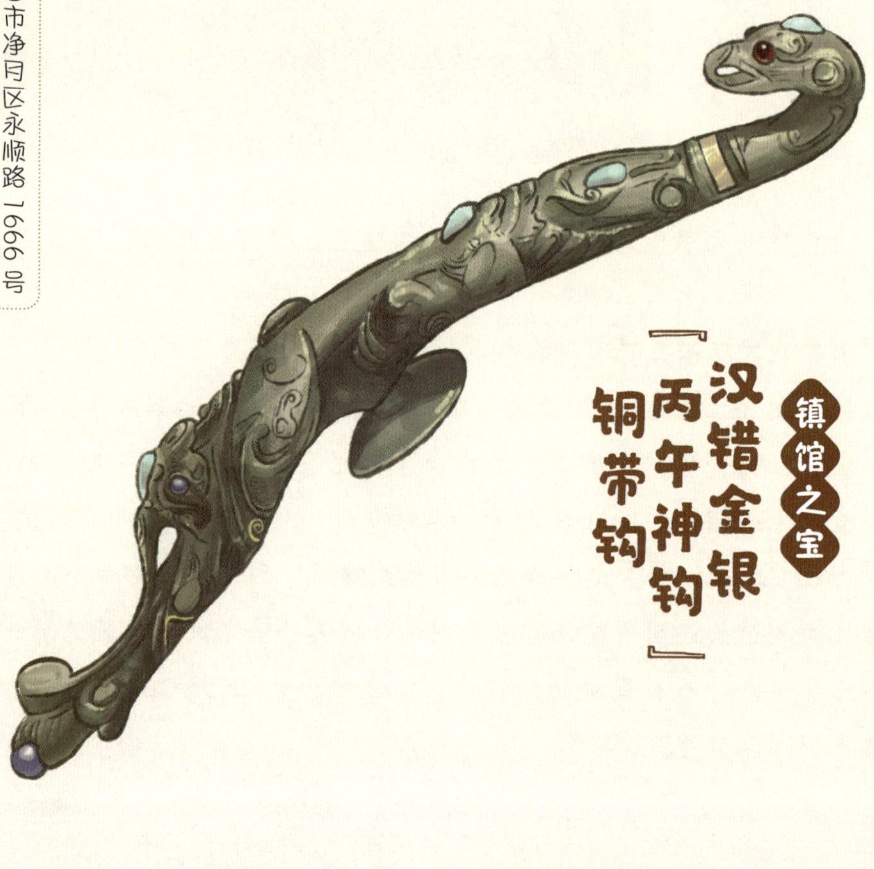

镇馆之宝

『汉错金银丙午神钩铜带钩』

面雕刻出一个长着鸟喙的神人，眼窝嵌蓝色宝石，额镶滴水状绿松石，头部朝下，伸出双手，将一条大鱼搂在怀中，看起来像是正要吞食的样子。鱼身通体以金丝填成鳞片，在神人怀中可以上下活动。带钩背面有一个精致的错银卷云纹圆钮，下方是一只口含蓝色宝石的凤鸟。

如同古蜀国、古滇国一样，史书中关于扶余国的记载寥寥无几。这件鎏金铜带钩，让我们了解到扶余人的样貌：面容窄长、额窄颧高、鼻平眼细。它见证了一个国家、一段历史的存在。

辽银釉鸡冠壶

国宝撷英

鸡冠壶，是辽代陶瓷中最具代表性的作品，因其形似鸡冠而得名。契丹人以马、骆驼作为主要交通工具，他们经常将水、酒、奶等液体装入皮囊壶中，悬挂在马鞍上。鸡冠壶的造型就是模仿的契丹人的皮囊壶，保留了契丹游牧民族的生活习惯。

因为马上生活的需要，壶身的曲线要与马躯体的线条尽量贴合，所以鸡冠壶通常是扁形。壶身上方有像马鞍一样的双孔鼻，用来穿绳悬挂，侧边甚至做出了皮条和缝针一样的痕迹，完全“仿真”于皮囊壶。

它的陶胎本是淡黄色，但通体施了绿釉，那为什么要叫“银釉鸡冠壶”呢？这是因为绿釉陶属于低温釉陶，其中含有大量的铅，它在辽墓中陪葬近千年，经过水土侵蚀，绿釉表面形成了一层银白色铅的光泽，银斑光鲜夺目，所以把它称为“银釉”，与金属银并无关系。

鸡冠壶、凤首瓶和牛腿瓶，被列为契丹陶瓷三宝。这些带着浓郁生活气息而被命名的辽代瓷器，诠释了契丹族“艺术源于生活”的理念。

国宝撷英

辽契丹文八角铜镜

铜镜，并不稀罕，但背刻铭文，而且还是契丹字铭文，那就“身价倍增”了。契丹王朝建立后，曾参照汉字先后创造了契丹大字和契丹小字，用以记录契丹语。两种契丹文字在辽代与汉字并行为辽官方文字，金灭辽后，契丹字又与女真字和汉字在金朝境内通行过一段时间。金章宗完颜璟明令废除契丹文字，契丹字逐渐退出历史舞台，到明代已无人辨识，成了死文字。

“时不再来，命数由天；逝矣年华，红颜白发；脱超网尘，天相吉人。”铜镜上的契丹小字铭文，可以汉译成这句话。我们能感觉到镜子的主人感叹人生的短暂与无常，以及对逝去的美好年华与事物的眷恋，这样的宿命观或许与辽代人的佛教信仰有关。

文旅延伸

长春电影制片厂

《白毛女》中“喜儿”的扮演者，97岁高龄的“人民艺术家”田华深情地说：“长影是新中国电影的起点，长影改变了我的艺术人生，我永远感谢长影。”

“长影”即长春电影制片厂，它是新中国第一家电影制片厂，《白毛女》《董存瑞》《上甘岭》《英雄儿女》等经典影片就是出自这里。如今，长影的老厂区内，全国现存最早、最完整的电影洗印工业遗址等一批电影工业标志性建筑被完整保留下来，辟为“长影旧址博物馆”，来长春旅游值得来看看。

对于老一辈电影爱好者来说，这是一次怀旧之旅，这里陈列的每一张电影海报、每一句经典台词、每一段动人旋律，都能瞬间勾起他们心中深藏已久的回忆；而对于年轻一代来说，这座博物馆则成为一扇通往电影历史深处的大门，让他们得以一窥中国电影的发展历程，感受前辈电影人的卓越艺术追求与崇高精神风貌。

辽宁省博物馆

沈阳市浑南区智慧三街 157 号

辽宁省博物馆的馆徽，就是这枚玉猪龙，它之所以有如此重要的地位，是因它代表了中华文明起源中举足轻重的红山文化。红山文化是新石器时代晚期中国北方地区最辉煌的一支考古学文化，是与中原地区文明融合发展的重要代表。

玉猪龙，顾名思义融合了猪与龙的形态，猪首龙身，蜷曲如一个胚胎的形状。它一般是由身份尊贵的人佩戴于胸前，象征其社会地位、权力等。说它像猪，主要根据是其头部的造型，阴刻的线条表现出圆眼、大耳、长嘴、嘴鼻上的褶皱等。也有学者称，应该命名为“玉熊龙”，因为从形象上看，猪的耳朵扁宽尖，熊的耳朵短厚圆，这件玉器更符合熊的形象。“猪”和“熊”两种命名虽有差异，

镇馆之宝

玉猪龙

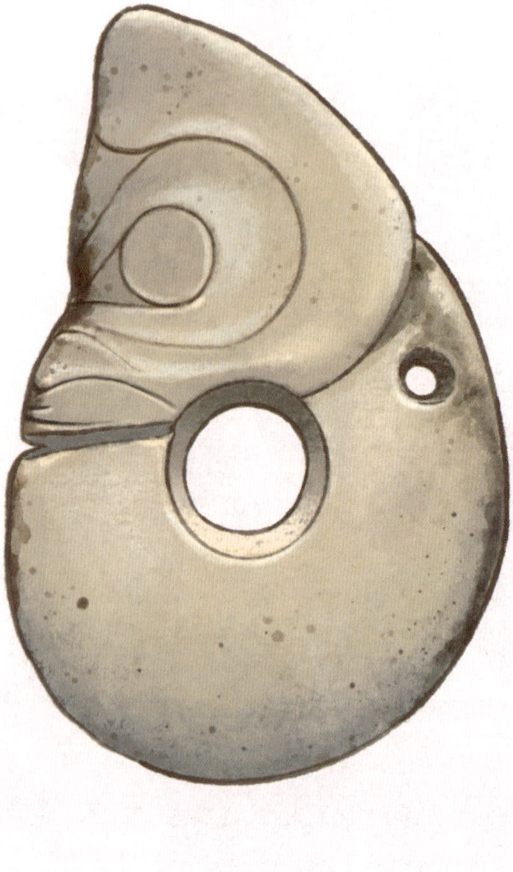

但这种蜷曲的姿态可用“龙”来定义则为共识。单从形状上来命名，玉猪龙又可称为“玦形龙”，“玦”即有缺口的环状玉佩。

无论是猪龙还是熊龙，其具象的特征都取材于先民生活中可以直接接触的生物，龙所传递的核心特征或许并不在于其具体的形象，而是在于其中所蕴含的对于礼制的传承。红山文化中造型类似的玉猪龙发现有多件，辽宁省博物馆所藏这一件形体较大，形制也最规整。

玉猪龙的最大意义是证明了红山文化时期已经形成以玉器标示社会地位和等级的礼制传统，为后世中国传统礼制的形成和完善奠定了基础，可谓“龙出辽河、礼出红山”。虽然后期的礼器逐渐由青铜器替代玉器，但玉器所蕴含的与礼和君子相关的特征则被传承下来。

国宝撷英

唐人簪花仕女图卷

辽宁省博物馆（前身为东北博物馆）是新中国建立的第一座博物馆，是中国收藏晋唐宋元书画珍品的重镇。这些稀世珍品大多是“清宫旧藏”，是末代皇帝溥仪1945年准备逃亡出境前淘选的，在沈阳机场被苏联红军截获，这才避免了流离失所的厄运。北宋摹张萱《虢国夫人游春图》、唐摹《万岁通天帖》、宋徽宗《瑞鹤图》……几乎件件堪称无上珍宝，新中国成立后均入藏辽宁省博物馆。因书画的特殊性，这些国宝隔几年才会展出一次，而且不是每次都能全部看到，一般在书画馆以三个月为期限进行循环轮展。

这批书画中，传周昉《唐人簪花仕女图卷》[1]因被收入各种教科书而妇孺皆知。对它的鉴赏与解读太多了，简言之：从历史价值看，它将笔触指向现实生活中的人物，尤其是女性人物，是唐代仕女画的标准作品，而在唐以前的绘画作品大多是描绘历史和宗教人物；从艺术价值看，作为工笔设色作品，它代表了唐代绘画所达到的顶峰水平，雍容华贵，充满盛唐气象。

① 该画无名款，一些书画文物鉴定大家根据图像细节判断，此画非周昉真迹，但至少也是晚唐或五代时期的作品，仍是弥足珍贵的。为了严谨起见，对于作者与年代无法确切考证的书画作品，一般都加上“传”字。

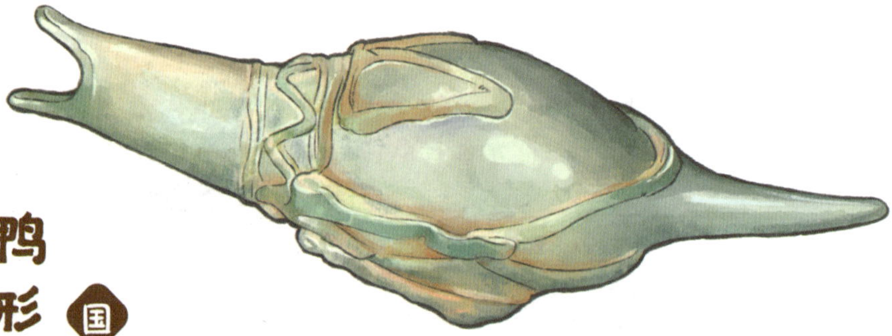

鸭形玻璃注

国宝撷英

乍一看，我们很难描述它到底像什么，只能根据它一端扁嘴、一端细长、长颈圆腹的样子勉强称其为“鸭形”。这件玻璃器应该是工匠即兴的创作，器身自由吹制成型，没有用模具，然后将玻璃料拉成细条，缠绕在器身上做装饰。这件仅长20.5厘米的淡绿色玻璃器，因其独特的造型成为“世界孤品”。

“注”就是小壶，那这个玻璃器是装什么液体，又是做什么用的呢？学术界对此有多种意见。不过，如果将这件“进口货”与原产地的类似器型进行类比，我们发现，在意大利、阿富汗等地均有类似于鸭形玻璃注的鸟形玻璃器和鱼形玻璃器，这些器物是用来盛放香油或类似液体的。

鸭形玻璃注可能是从遥远的古罗马通过草原丝绸之路一路向东，来到北燕，它的主人或许根本不在意用途，只因为玻璃器的稀罕，就将视其为了珍贵与炫富之物。

文旅延伸

沈阳「一宫二陵」

清朝1644年取代明朝成为正统，但清政权早已建立，皇宫就位于当时的都城盛京（今沈阳）。清朝迁都北京后，盛京一直作为陪都，而且成为清太祖、清太宗二帝的长眠之所。

大家熟悉的北京故宫，以中轴对称布局，但在沈阳故宫能看到更多“满族特色”：比如与满族政体相吻合的“八”字布局的东路建筑，有后金的原始美；皇后居住的清宁宫，正门不是开在正中间等等。努尔哈赤的福陵，当地人称“东陵”，其建筑布局很有特色，尤其是108磴，全国仅两处（另一处在五台山菩萨顶）。皇太极的昭陵，俗称“北陵”，沿袭了明代皇陵规制，中轴对称布局，但也融合了一些蒙古等少数民族文化元素，比如方城角楼的大葫芦顶，在明清关内宫廷建筑中就极为罕见。

“一朝发祥地，两代帝王都。”沈阳“一宫二陵”均是世界文化遗产，值得探访一番。

天津博物馆

天津市河西区平江道 62 号

提起“梁山”，大家都会想到《水浒传》里的水泊梁山。虽然梁山因此闻名于世，但鲜少有人知道，在道光年间，有一组七件的青铜器也曾出土于梁山脚下，为西周王室之重器，所以被称为“梁山七器”，它们器型庄严厚重，纹饰华丽繁缛。据文献记载，“梁山七器”中，有三件鼎、一件甗（yǎn）、一件彝、一件盉、一件尊[①]，其中唯一一件收藏在国内的就在天津博物馆，其余六件散落在世界各地的博物馆中或下落不明。

镇馆之宝 西周太保鼎

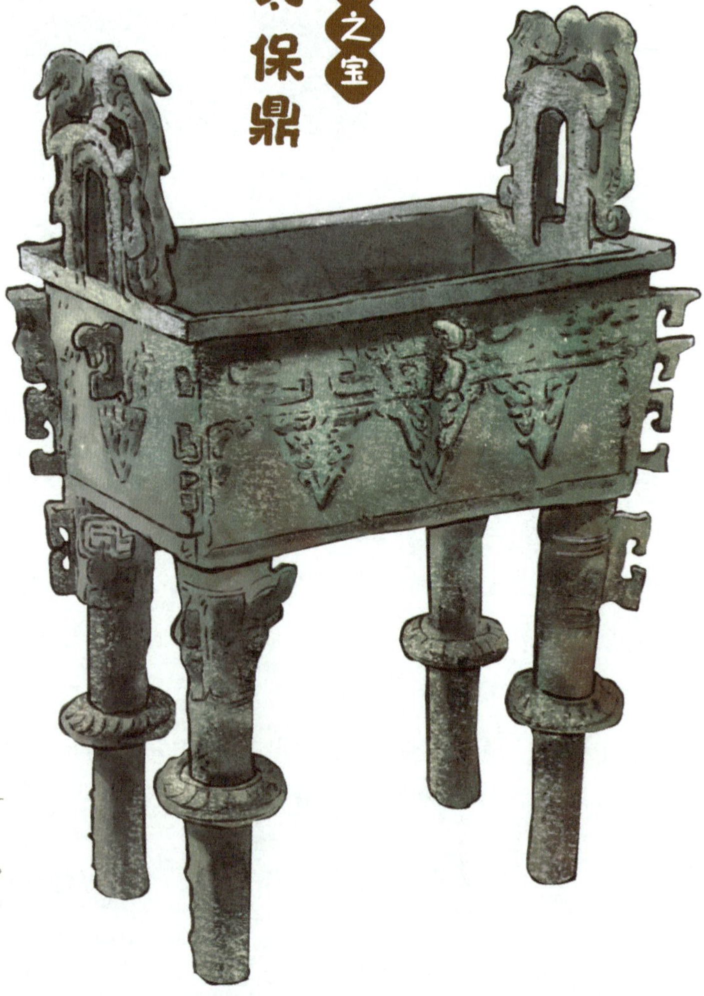

① 鼎、甗为青铜烹食器，彝、盉、尊皆为青铜盛酒器。

这个“唯一”就是天津博物馆的镇馆之宝——太保鼎。其命名来自鼎腹内壁所铸“大保铸”三字铭文，大保即太保，是监护与辅弼国君的官员，地位显赫的“三公”之一。据考证，铭文中的“大保”，就是西周成王重臣召公奭（shì），这是一位与周公旦、姜子牙齐名的重要人物，《尚书·君奭》中有载：“召公为保，周公为师，相成王为左右。”这件太保鼎就是其身份和地位的象征。

太保鼎鼎身不大，只有不到60厘米高，但它四足修长，如果把它比作人，那就是典型的“大长腿”，如此苗条、秀美的“身材”很容易和现代人的审美产生共鸣，足以惊艳世人。

它的纹饰也很特别。口上铸双立耳，耳上浮雕双兽，商代的鼎耳比较简约。而耳上有灵兽的形象在商代的鼎中没有出现过。太保鼎腹部四面饰有蕉叶纹与饕餮纹，四角饰扉棱，尤其是柱足上装饰的扉棱和柱足中部装饰的圆盘，在商周青铜器中独一无二，甚为奇异，显然经过了夸张的艺术加工。

无论是历史价值还是艺术魅力，太保鼎无愧异常珍贵的国之瑰宝，天津博物馆的馆徽形象即源于此。

国宝撷英

隋白釉龙柄联腹传瓶

白瓷在北朝烧制成功后，隋代时已声名显赫，出现了一些创新的器型，这件白釉传瓶就是代表。为什么叫“传瓶”呢？直接依据就是瓶底所刻铭文“此传瓶，有并”。“有并”又作何解呢？“并”就是合在一起的意思，可以理解为此瓶瓶身双腹相连，是对瓶体造型的描述。

其瓶肩左右两侧，各塑一条修长的龙形柄，龙头探入瓶口内，似乎在贪婪地吸吮着瓶中的玉液琼浆。双龙柄为手工捏塑而成，手法简练，但形象生动逼真，这种新颖别致的造型或是借鉴了西域双柄银壶的特征。

中国国家博物馆也收藏了一件与其几无二致的白釉传瓶，而且出自鼎鼎大名的隋李静训[①]墓，但没有刻款，因此天津博物馆这件更显珍贵。

① 墓主人李静训家世显赫，她是隋朝乐平公主杨丽华的外孙女，其曾祖父是北周时期赫赫有名的骠骑大将军李贤，她于隋大业四年（608年）离世，年仅9岁。

国宝撷英

宋范宽《雪景寒林图轴》

北宋绘画大师范宽，“宽”并非他的本名，是因为他“性温厚，有大度”，别人褒扬他的性格而对他的称呼。他最负盛名的画作是现藏于台北故宫博物院的《溪山行旅图》，被董其昌誉为“宋画第一”，而天津博物馆这幅《雪景寒林图》同样珍贵，这是大陆仅存的范宽真迹，历经千年流转，尤其是差一点毁于火烧圆明园，所幸至今保存完好。

此图为三拼大幅立轴，构图严谨，用笔苍润浑厚，生动地表现了秦陇山川的磅礴气势。画面绘群峰屏立，山势高峻，有冒雪出云之势。高山之麓，溪水之滨，以粗笔浓墨绘出古木密林，枯枝老干苍劲挺拔。范宽将他的署款，悄然隐藏在一段树干中，“臣范宽制”隐约可见，从“臣”可知，这幅画很可能是他专为宫廷而作，也必是精心之作。

文旅延伸

国家海洋博物馆

广袤无垠的大海，孕育生命、联通世界。位于渤海之滨的国家海洋博物馆，有“海上故宫”之誉，展示了海洋文明的厚重博大与多元包容，适合带着孩子来此与海洋展开一场跨越时空的生动对话。

5亿多年前出现的有孔虫，昭示生命的绵绵不息；栩栩如生的怀孕白真鲨标本，以震撼的生命形态诉说着人海和谐的真谛；1∶1复原的宋元福船，是郑和下西洋的“幕后功臣”，见证着海上丝绸之路的繁荣；由中国自行设计、自主集成研制的“蛟龙号”载人潜水器，体现了我们奔向海洋强国的信心。

离国家海洋博物馆不远，泰达航母主题公园也值得一去。走过峥嵘岁月，昔日的海上霸主“基辅号”雄姿依旧，航母内的武器陈设一如从前，还设有多个展览，能让孩子沉浸式感受舰上生活，圆孩子一个海军梦。

河北博物院

石家庄市长安区东大街4号

河北被称为燕赵之地，历史悠久。河北博物院两个“中山国”的展览最负盛名，这两个中山国分别是战国中山国和西汉中山国。镇馆之宝“金缕玉衣”有两套，主人是西汉中山靖王刘胜和他的夫人窦绾。

玉衣又叫玉匣、玉柙，是仅在汉代出现的王侯葬服，汉代之后玉衣就不见踪迹了。一套玉衣由数千块玉片组成，按照主人的身份等级，用金、银、铜材质的金属丝将这些玉片编缀起来，就被称为金缕、银缕、铜缕玉衣。

全国目前出土了数十套玉衣，刘胜的这一套是最早被发现的玉衣实物，也就是说，1968 年中山靖王墓被发掘之前，玉衣仅仅是存在于历史文献中的一个模糊概念。另外，刘胜玉衣也是目前保存最完好的，2498 片玉片一片也没有缺。玉衣由脸盖、头罩、上衣、袖筒、手套、裤筒、足套等部分组成，因为只有这样拆分，才能方便为那些去世的贵族穿上这铠甲般厚重的装束。从玉衣上隆起的啤酒肚可以看出，它完全按照刘胜的身材定制而成。

金缕玉衣

镇馆之宝

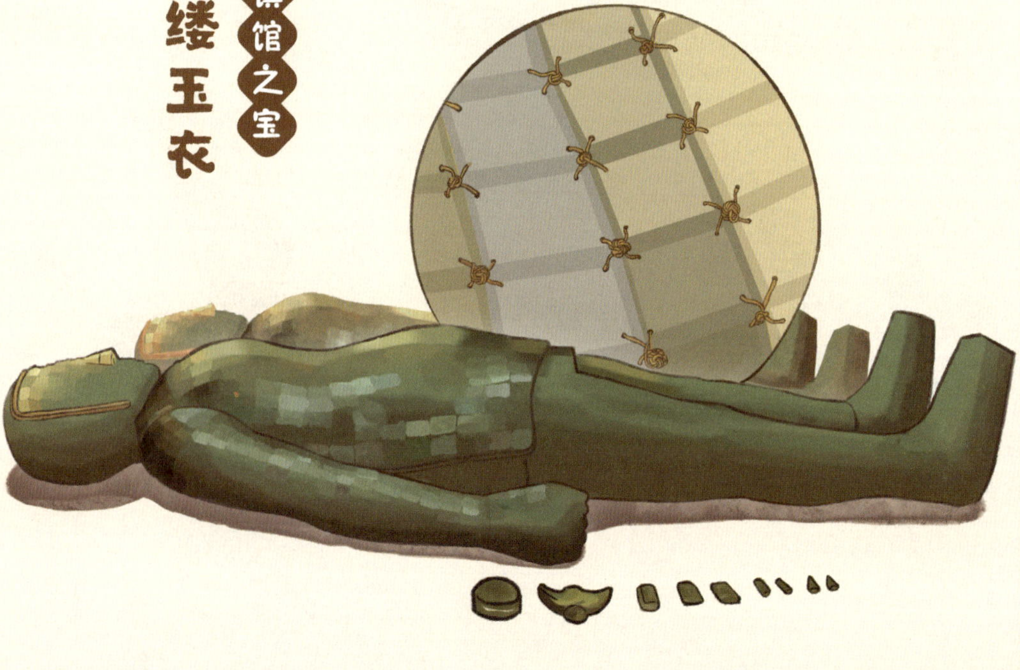

为什么汉代帝王贵族死后要穿一身玉做的衣服呢？因为他们认为玉石是天地灵物，用玉护体，能保护肉身不朽、精气不散。除了身体裹上玉衣之外，眼耳口鼻等人体与外界相通的孔窍，都被特殊形状的玉器塞起或罩上，刘胜就有一套完整的“九窍塞”。很有意思的是，玉衣的头顶是一块圆形玉璧，中间的圆孔是供死者灵魂自由出入躯体的通道，因为当时的人们认为，即使躯体这个“魄”没有了生命，但“魂”可以升天不灭。

长信宫灯

国宝撷英

它是河北博物院里的明星文物，历史、美术教科书里的熟面孔，被誉为“中华第一灯”。

长信宫灯是刘胜夫人窦绾的随葬品，也是其生前宫内的陈设。灯具通体鎏金，为一位跪坐执灯的宫女造型，其表情、衣着刻画精微。

长信宫灯有不少“黑科技”：比如灯罩能调节灯光的照射方向与亮度，与今天台灯的功能无异；灯油燃烧产生的烟雾，能够通过宫女袖口形成的导烟管排入身体，溶解于身体内盛装的水中，可见两千多年前匠人超前的环保意识。

错金博山炉

国宝撷英

这是一只香炉，作室内熏香之用，是中山靖王的心爱之物。错金，是一种用金丝在金属器物表面镶嵌出花纹、图案的工艺；博山，就是海上的仙山，指香炉的造型。

360 度细细观赏，我们可以看到这座“仙山”上有很多神奇的动物：底座上三龙腾出水面，用头托住炉盘；炉盘上山峦高低起伏、挺拔峻峭，其间神兽出没、虎豹奔走，小猴蹲坐峰顶或骑在兽身，还有猎人肩扛弓弩在追逐逃窜的野猪。如果炉内的烟雾升腾起来，这些画面一下子就有了动态美。

文旅延伸

正定古城

参观完河北博物院，建议不要错过离石家庄市区仅 15 千米的正定古城。梁思成先生曾多次考察正定，他感叹道：“我从未在如此小的地方，如此短的时间内，亲眼目睹过这么多的历史古迹。”

正定确实是一座适合“city walk（城市漫步）”的小城，必打卡的古迹有宋代原构隆兴寺，尤其是古代殿堂建筑孤例——摩尼殿和“东方美神”观音像；“正定四塔”——天宁寺凌霄塔、开元寺须弥塔、临济寺澄灵塔、广惠寺华塔，巍然凌空、风格各异。

山西博物院

太原市万柏林区滨河西路北段13号

四羊方尊、云纹铜禁、三星堆青铜神树，包括这件成为山西博物院院徽原型的晋侯鸟尊，它们在展柜中向观众呈现出最完美的形象，殊不知如果不是经过“文物医生”的精心修复，它们就只是一堆碎片。

镇馆之宝 晋侯鸟尊

晋侯鸟尊的修复历程可谓“一波三折”。鸟尊虽然在盗墓贼的炸药下幸存了下来，但出土时已是百余块碎片，考古人员只好将裹着这些碎片的墓土从墓室中整体切割下来，打包运到实验室。

一年后，鸟尊“新生”了，再一次昂首矗立在世人面前。这是一件以凤鸟回眸为造型的青铜酒器，鸟首饰以高冠，两翼向上卷曲，鸟背上还立着一只小鸟，它正是注酒处的盖钮。凤尾下探出一只大象的头，那卷曲的象鼻恰好与鸟尊的双足形成稳定的三点支撑。鸟与象合体的造型，构思奇特巧妙。

遗憾的是，在实验室清理中，象鼻的关键一段缺失了，因此鸟尊修复完成后，尾部象鼻应该向外卷还是向内卷，一度引发争议。专家们根据线条、造型、气质、力学与美学等多个角度进行推断，象鼻向内卷的可能性更大，鸟回首、尾内卷，两者形成呼应，应该更接近原始状态。学术是严谨的，虽然有合理性，但这也只是一种推测，所以鸟尊 2002 年初步修复完毕后，缺失的部分在后来的展览中一直以无纹饰的青铜仿制件替代，没有为鸟尊的造型下定论。2018 年，缺失的象鼻在后续清理中有幸被找到，印证了象鼻向内卷的推断，历时 19 年，晋侯鸟尊终于完美合璧。

在一场以鸟尊为主题的展览中，它“自述”道：“时光在我体内镌刻，三千年前我被供奉于神圣威严的宗庙，我曾经被视作‘凤凰来仪’的化身，我曾被奉为祥瑞和天命的象征，如今我栖止于高雅的文明圣殿。”

国宝撷英

司马金龙墓漆画屏风

这组屏风以榫卯相接，将墓主人的石棺床三面围合，较完整的有五块，双面都有漆画，山西博物院所藏木板漆画系此漆画屏风中的两块。出土时，向上的一面保存较好，色彩鲜明，而向下的一面则因潮湿剥落严重，色彩也较暗淡。漆画自上而下分为四层，内容取材于西汉《列女传》，呈现列女古贤人物故事，如“帝舜二妃娥皇女英”。漆画色彩浓烈，一千五百多年朱颜未改，人物旁多有文字题记，是少见的北魏墨迹。

墓主人司马金龙原为东晋皇族，其父因宫廷斗争渡江北上，娶了位北魏公主，封琅琊王。漆画的艺术风格呈现出鲜明的东晋和南朝文化特征，与顾恺之所作《洛神赋图》《女史箴图》颇为接近，是南北朝时期民族融合、文化交流的一个缩影。

山西剧种繁多，居全国首位，元代以前的 12 座古戏台全在山西，“元曲四大家”里有三位是山西人。数百年前，想必是戏迷票友的董氏夫妇把戏台搭进了墓中，以求生死同乐。

戏台上有五个并列一排的彩色戏俑，从左至右，分别是专扮官员角色的“装孤”，

国宝撷英 董明墓戏俑

专门负责搞笑的“副末”，整出戏的主角“末泥”，面容秀丽、神情活泼的女角“装旦”（“装旦”一般首先出场表演，然后引出其他角色，是金元戏曲中常见的“引戏”），与副末互相配合、共同营造滑稽场面的“副净”。

金元时期的戏曲演员已经划分出行当，并有了相对稳定的服饰和装扮，是后来京剧中生、旦、净、末、丑的渊源。

文旅延伸

「梁林之路」

“地上文物看山西”，中国木结构古建筑中，仅有的4例唐构都在山西，宋辽金元时期的建筑，七成在山西，更不必说万余座明清建筑了。1933年到1937年，同为建筑学家的梁思成、林徽因夫妇与清华大学营造学社同仁先后四次赴山西进行古建筑调查，克服了交通与食宿的困难，甚至面临战火考验，掌握了大量的一手资料，为中国古建筑研究打下了坚实的基础。

大同的云冈石窟、华严寺、善化寺、恒山悬空寺，朔州的崇福寺、应县木塔，忻州的南禅寺、佛光寺，太原的晋祠，晋中的镇国寺、双林寺，临汾的广胜寺，运城的永乐宫……从晋北到晋南，重走梁林当年的古建寻访之路，就是一次中国古建筑之美的艺术之旅，这一生值得走一回。

内蒙古博物院

呼和浩特市新城区新华东街27号[①]

鹰顶金冠饰

镇馆之宝

这顶王冠，陪伴主人见证了草原的荣光。有可能是匈奴王，也有可能是北疆其他部族领袖，总之，它属于一位征服者。

王冠的主体由黄金打造，分为上部的冠顶和下部的额圈，总质量接近1500克。冠顶中央站立着一只雄鹰，俯视万物、展翅欲飞。鹰体由金片制成，中空，身体及双翅有羽毛纹饰；雄鹰的头、颈由两块绿松石拼接而成，头、颈、尾之间由金丝连缀，头颈可以左右摇动。不难想见，当主人戴上金冠、策马飞驰时，雄鹰也会随之振动，显得威风凛凛。

下部额圈由三条半圆形的绳索式金带合并而成，巧妙运用了榫卯相合的手法。三条金带末端分别饰有浅浮雕卧虎、卧羊、卧马，这些动物均是草原民族金属器物中的常见装饰图案。

① 为旧馆地址，新馆正在建设中。

这件冠饰集铸造、錾刻、镶嵌等工艺于一身，展现了战国时期中国北方民族贵金属制作工艺的最高水平。同时，它也是迄今为止国内发现的唯一“胡冠”实物。赵武灵王推行“胡服骑射”后，胡冠随之传入中原，并结合中原习俗加以改造，冠上的雄鹰被换成赤雉的长尾。

从欧洲东部到中国北方游牧区域，发现了大量与此金冠图案和工艺相似的文物，它们是“草原丝绸之路”绵延数千千米文化交流的生动见证。

国宝撷英

元钧窑『小宋自造』香炉

这件香炉堪称钧窑贵族中的顶流，其通体施天青色釉，具有铜器的金属质感，双立耳，圆鼓腹，三兽足，颈部雕贴三只麒麟，更为稀有的是香炉正面的15字铭文：“己酉年九月十五小宋自造香炉一个”，如同香炉的出厂铭牌，自带知识产权标识。

据考证，“己酉年”为1309年，属于元代中期，此时元代社会相对稳定，因此制瓷业等手工业得到迅速发展。“小宋”就是烧制这件香炉的工匠，有可能是姓宋的匠人，也有可能是无名无姓的南宋遗民，人们惯称“小宋”。时隔700多年，我们还可以感受到“小宋”大师完成得意之作后，那种溢于言表的自豪感。

值得一提的是，铭文中“炉”“个”都是用的与今天一样的简体字，并非当时的正体字“爐”“個”，这说明在元代，为书写便利，民间已经产生了一些简体字，这对于研究汉字简化的过程具有重要价值。

鹿首金步摇

国宝撷英

《长恨歌》中有诗句：“云鬓花颜金步摇。”这里的“步摇”是一种妇女的头饰，它多为黄金材质，呈树枝形状，通常在枝上缀有装饰物。当佩戴者行走时，饰物随着步履而摇曳，既有视觉上的灵动，又有金饰轻微碰撞的悦耳声，一步一摇，故而得名。

汉代以后，步摇开始流行起来，不仅流行于中原地区，北方少数民族也十分喜爱。他们多以草原上常见的羊、马、鹿等动物形象作为主题纹饰，这件鹿首金步摇就具有北方游牧民族的鲜明特色。

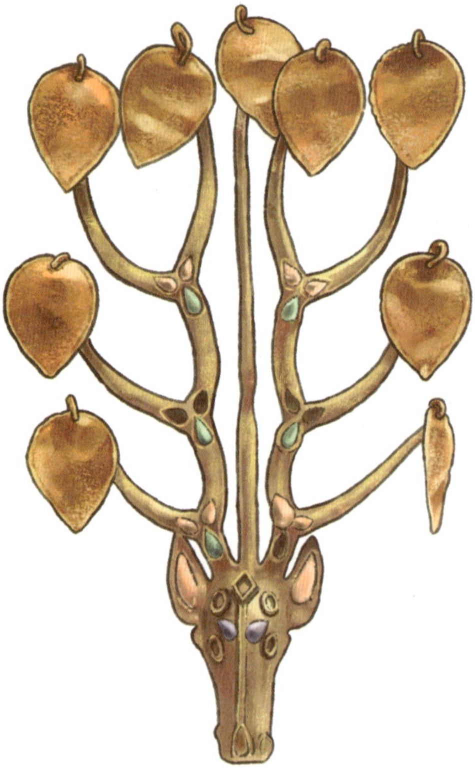

步摇基座为鹿首形，鹿首上分出鹿角形的枝杈，尾梢缀有桃形金叶，多处镶嵌有彩色宝石，整体采用了模铸、锤揲、焊接、錾刻、镶嵌等工艺，代表了当时顶级的黄金细工工艺水平。

这件精美的步摇是我国北方慕容鲜卑和拓跋鲜卑部族文化融合的实物见证，也体现了中华文明的包容与活力。

文旅延伸

敕勒川草原

想必大家对草原的最初认识，就是从“敕勒川，阴山下，天似穹庐，笼盖四野；天苍苍，野茫茫，风吹草低见牛羊”这首北朝民歌开始的，来到内蒙古自治区首府，对草原的亲近就可以从敕勒川草原开始。

敕勒川草原位于呼和浩特市新城区大青山脚下，是距离自治区首府最近的草原，被誉为“首府后花园”，可以让远道而来的游客免去前往热门草原的舟车劳顿，近距离融入蓝天、青山、碧草的如画美景。水草丰美的夏季最适宜漫步敕勒川草原，呼吸新鲜空气，感受北疆的辽阔与壮美。

大型马舞剧《千古马颂》也值得一看，由百余匹名马与上百名骑手组成的庞大阵容，能给现场观众带来不寻常的视觉冲击。

陕西历史博物馆

西安市雁塔区小寨东路91号（主馆）
西安市西咸新区秦汉新城兰池三路东段（秦汉馆）

西安是汉唐古都，地下珍宝无数。陕西历史博物馆藏品数量居全国前三，官方甄选的十余件镇馆之宝中，何家村窖藏珍宝就占了四分之一。

何家村是唐代长安城兴庆坊故址，在这里发现的两个陶瓮与一个银罐里，满满当当装着千余件各类文物，其中包括265件金银器，可谓考古史上的一次空前大发现。与墓葬不同，窖藏是为躲避战乱而将贵重物品埋藏于地下。如今，这些金银器在灯光下依旧光彩熠熠，再现了昔日大唐的盛景。

镶金兽首玛瑙杯乃海内孤品，其巧妙利用缠丝玛瑙的俏色纹理雕琢而成，依色取巧，随形变化，杯体为角状兽首形，兽嘴部镶有金帽，造型与西亚欧洲的饮器“来通①”类似，为唐代玉雕工艺的巅峰。

何家村遗宝

镇馆之宝

鸳鸯莲瓣纹金碗外腹錾刻出两层浮雕式的仰莲瓣，上层莲瓣内錾刻鸳鸯、鹦鹉、鸿雁、兔、狐、鹿等珍禽异兽，

① 来通，Rhyton的音译，饮酒器，通常呈圆锥形。用时从大口注酒，从小口吮吸，与中国饮酒方式有很大差异。

下层是忍冬纹。它是西方金银器工艺与东方审美结合的佳作，其造型之富丽、纹饰之精美，令人叹为观止。

鎏金舞马衔杯纹银壶仿照游牧民族皮囊壶的形状制造，壶身两侧以模压手法各锤出一匹口衔酒杯的舞马，其上扬的马尾和颈部飘动的绶带显示出十足的动感。这种造型正是舞马为唐玄宗拜寿时头马的最终亮相，代表着舞马贺千秋的高潮。

葡萄花鸟纹银香囊的精妙工艺令人叹为观止。整体镂空的圆球形香囊内，设计了一套持平装置，保证了不管外部球体如何转动，机环使中间的香盂也会同步转动，从而使香盂能够一直保持水平，避免香料洒出。它证明唐代匠人已掌握并能熟练应用陀螺仪原理，而世界其他国家直至近代才发现这个原理。

考古学家齐东方老师说："何家村遗宝是唐代形象的代言。看到这些器物，才能知道唐代具有什么样的魅力，什么样的精彩，什么样的情趣。"

唐墓壁画

国宝撷英

陕西历史博物馆的镇馆之宝中，唐墓壁画的数量占有相当比重，它们出自三座墓葬的四组壁画，均能在"唐代壁画珍品展"中一睹真容。

武则天儿子章怀太子墓《狩猎出行图》，是唐代皇亲贵族狩猎活动的写实性描摹，可补画史之不足；《马球图》以写实的风格，真实地再现了昔日马球运动的场面。马球从波斯经由丝绸之路传入中国后，深受唐代皇室喜爱，广为普及。关于马球运动，过去只见于文献的零散记载，《马球图》则提供了重要的图像资料。

唐中宗嫡长子懿德太子墓《阙楼仪仗图》，所绘阙楼为三出阙，超出了太子本应使用二重阙的标准，显然是由于“号墓为陵[①]”而使用了皇帝的阙楼规格，给后人了解研究唐代建筑尤其是阙楼建筑提供了第一手资料。

唐中宗女儿永泰公主墓《宫女图》描绘了九位风姿绰约的宫女。她们手捧物品，在为首女官的引领下款款徐行，准备侍奉公主安寝。这群少女或低语，或回顾，或凝神，神态被描绘得细致入微、生动传神。

① 唐代皇室特殊的丧葬制度，即墓主人不是皇帝，但墓葬的规制与随葬品享受帝陵等级，仅有懿德太子墓和永泰公主墓是依此制修建的。

国宝撷英 三彩载乐骆驼俑

国家博物馆有一件三彩载乐骆驼俑，骆驼上坐着五个人，陕西历史博物馆这件更厉害，有八个人，这是工匠将艺术夸张和实际生活完美融合的结果。

骆驼引颈张口作嘶鸣状，驼背上架设了一个平台，铺着色彩斑斓的毛毯，七名男乐手分别手持乐器，面朝外盘腿坐着演奏，这些乐器中，既有琵琶、箜篌等来自西域的，也有笙、排箫等源自中原的。一名女子站在中间，她面庞丰润，头微微上扬，正在沉醉地歌唱。

这支驼背上的乐队，为我们展示了丝绸之路旅途中一幕生动的乐舞场景，一曲来自盛唐时期的“胡部新声”仿佛悠然响起，穿越时空，震撼人心。

文旅延伸

西安城墙

西安城墙是西安的城市标志和象征，延续了整个古都长安的历史文脉。城墙始建于隋，现存城垣为明代修建，包括护城河、吊桥、闸楼、箭楼、城楼、角楼等。

从雄伟的城墙顶上放眼望去，一边是高耸入云的摩天大楼，一边是秀丽端庄的唐风古建筑，这般古今交融的奇妙感觉，仿佛开启了时光隧道的开关。

游客既可以沿城墙步行一段，沿途拍照打卡，也可以租辆自行车骑行，停停走走，沉浸式感受古都风韵。

甘肃省博物馆

兰州市七里河区西津西路3号

“天马行空”这个成语，一般人会直观认为是马长了翅膀能够飞翔,但这尊青铜马给了我们另一种想象。它的足踏着能让它飞驰的动物，那它凭借的是什么呢？像鸟。什么鸟呢？有人说是燕子，于是有了个浪漫的昵称——“马踏飞燕”；有人又说，那只鸟的尾巴并不像燕子的尾巴一样“似剪刀”，或许是龙雀，就是秦汉神话中大名鼎鼎的风神“飞廉”，取名“马超龙雀”更贴切，也更威风，除此之外还有十余种说法，至今都无定论。于是，就给它取一个最朴实的名字吧——“铜奔马”。这匹铜奔马，其形象被确定为“中国旅游标志”而广为人知。

铜奔马出土于甘肃武威雷台汉墓，将它置身于出土的原始状态，它并不是孤立的，而是一队车马仪仗的领头。从侧面看，它的马尾后扬；从正面看，它的表情极为夸张魔性，头仿佛被风吹得扭曲了，张着大口，露出自信的大板牙，我们似乎能听见风啸中夹杂着它的嘶

镇馆之宝 铜奔马

鸣，静态的青铜器充满灵动之感。

很多观众惊叹于为什么铜奔马三足腾空，仅凭一足与飞鸟的接触就能保持稳定而不倒。原来，一方面工匠巧妙地利用飞鸟的躯体及展开的双翅，扩大了着地面积，稳定了重心；另一方面，马腿内夹入了定制的铁芯骨，形成类似钢筋水泥的“铜皮铁骨”，极大增强了马腿的强度和支撑力，越千年而伫立不倒。

铜奔马的造型融合了蒙古马、西域马的特点，体现了对于一匹宝马良驹的所有想象。如今它是一匹青铜色“绿马”，可这显然不是它的原貌。铜奔马出土时，考古人员就发现它的头部和背部残留有明显的彩绘痕迹。如口腔、鼻孔涂朱，牙涂白，眼内周角涂朱，眼珠涂白，黑墨点睛，并用墨线勾勒面部细处。如果这些彩绘不褪，就叫它“阳光彩虹小奔马”吧。

国宝撷英

人头形器口彩陶瓶

她是一位5500年前的“齐刘海少女”，头部镂空，鼻子微翘，嘴巴微张，发梢层次错落，很像今天流行的“空气刘海”披肩发，裙子上绘满了三角茎叶纹和变体飞鸟纹，这是当时最流行的仰韶文化几何花纹。这件彩陶瓶出土于天水秦安大地湾遗址，将人像与陶瓶巧妙结合，生动有趣，应该是水器或祭祀用品。

黄河边的先民将他们眼中的万事万物化为抽象的点、线、面，看似粗犷的线条里，凝结着先人的审美与智慧。以人头形器口彩陶瓶为代表的甘肃彩陶，是中国装饰艺术的源头，其绚丽多彩、质朴明快、豪放灵活的特点，在中国艺术史上留下了浓墨重彩的一笔。

「驿使图」壁画砖

国宝撷英

这块“驿使图”壁画砖，生动描绘了一位魏晋时期“快递小哥”的形象，同时也是 1600 多年前丝绸之路上西北边疆驿使驰送文书过程的一个瞬间。

奔马迅疾的身姿，显示出驿递任务的重大和紧迫；骑使所举传符（称为“棨传”），是通过关门哨卡的凭证，飞驰中高举，是为了不至于因关卡验符而减速，如今天的 ETC 一般。马四足腾空，长尾平甩，展现出高速驰骋的雄姿。驿使头戴黑帽，身着宽袖中衣，最有意思的是，驿使面部没有画出嘴巴，寓意守口如瓶，自然而隐晦地彰显出驿传保密的重要性，实为点睛之笔。

文旅延伸

莫高窟、麦积山石窟

“中国四大石窟”中，甘肃省占了两席。敦煌莫高窟最负盛名，是中国第一批世界文化遗产。莫高窟集壁画、彩塑、建筑三种艺术形式于一体，是世界上现存规模最为庞大的“艺术宝库”之一。尤其是绚丽灿烂、灵动传神，极具艺术气息和想象力的壁画，令人心驰神往。进洞窟近距离观看壁画机会难得，去之前要扎实做做功课才更有收获。

如果说莫高窟是戈壁中的“大画廊”，那天水麦积山石窟则是崖壁上的“雕塑馆”。形如麦垛的孤峰峭壁上，千百个洞窟密如蜂房，栈道凌空飞架，一个璀璨佛国藏匿其中。这里大大小小的雕塑，体现了从北魏到两宋近千年来造像风格的演变。与云冈、龙门皇家的恢宏气势风格不同，麦积山石窟的泥塑内敛温和，充满了人间烟火气息。历经千年变幻，那神秘的东方微笑仍能触动我们的心灵深处。

青海省博物馆

西宁市城西区西关大街58号

仰韶文化[1]向西发展，形成了马家窑文化[2]，其代表性器物是彩陶，被誉为“史前文明之花”。彩陶结合了土的凝重和火的热情，多姿多彩的纹饰蕴含着史前先民无比丰富的想象。漩涡纹、水波纹、折线纹、鱼鸟纹等常常使彩陶增色，但人形纹较少见，而“双人抬物”的纹样更是独一无二。

这件彩陶盆的口沿处绘有斜线三角纹，外彩为三线扭结纹，这些都是马家窑文化流行的纹饰。内彩的主题为四组对称的双人抬物图案，以圆点表示人的头部，粗线描绘人的躯干，细线表示四肢，两人相向，分腿而立，腰背微曲，共同抬起一个硕大圆形物体。寥寥几笔，将那种协作发力的感觉刻画得惟妙惟肖。如今，青海省博物馆馆徽主体就是双人抬物纹饰。

镇馆之宝

双人抬物纹彩陶盆

① 仰韶文化是黄河流域影响最大的一种史前文化，艺术成就体现在彩陶器物上。

② 马家窑文化是仰韶文化的继承与发展，其彩陶艺术成就达到登峰造极的高度。

他们究竟在抬什么东西？抬东西做什么呢？一些学者认为，它生动地勾画出了远古先民在黄河流域辛勤劳作的场景，合作奋力搬运的重物可能是建筑部件；也有学者认为，彩陶盆与祭祀有密切关系，这一图案应当解释为“多人共同从事祭祀”，所抬的应该是具有礼仪性质的祭祀用品。当然，抬物图案之谜有待进一步考证。

小小彩陶盆，折射出五千多年前的黄河先民，因农业化形成了定居聚落和同劳动、共享用、人人平等的稳定社会关系，精神世界富足，想象力与创造力才能得以尽情释放。

国宝撷英

永乐款铜鎏金观音像

与菩萨对视，能感到他眼神里隐藏着一种巨大的力量，雍容大度、悲天悯人，这是佛家思想中的“观照”，有一种来自精神力量的美。收藏在青海省博物馆的明永乐款铜鎏金观音造像，其体量之大、工艺之精、体态之美，堪称我国古代金铜造像艺术的巅峰。

观音赤足直立莲座之上，身体线条圆润流畅，比例协调。头戴五花冠，发髻高束，耳佩圆珰，长眉秀目，鼻梁挺括，神情温婉慈祥；胸前垂饰华丽的项链璎珞，层叠交错；双手各牵莲花长茎，腿部着长裙，裙褶飘逸，视觉上有织物轻柔的波动感。

手印，是佛像所展现的手势，每个手印都有特殊的寓意。这尊观音左手施说法印，表示菩萨正在说法；右手施与愿印，表示满足众生愿望。除此之外，常见的手印还有禅定印、无畏印、降魔印等，大家在瞻仰佛教造像时可以留意。

国宝撷英 彩陶靴

当你看到这只靴子时也许会惊叹：“今天的审美与3000年前也没什么区别！”古人也用了当下流行的美拉德配色，在靴子上彩绘出双线回纹、双线带纹和三角纹，与今天国际大牌的设计理念如出一辙；还有那饱满圆润的靴面和挺实的靴帮，似乎与某款名牌雪地靴“撞鞋”。太神奇了！

这只靴子是青海辛店文化[①]遗存，它虽不是实用器，材质也是陶土而非皮毛，却是当时先民穿着靴子的直接反映，更是研究青铜时代青海先民社会风俗的宝贵实物资料。

从彩陶靴上可以窥见当时制靴工艺的“黑科技”，比如：工匠会选用不同部位的兽皮制作靴子的不同部位，用柔软的皮革做靴面，穿着舒适，而用厚实的皮革做靴底，更抗磨损。我们还能看出，这只陶靴左右对称，左右脚都能穿，这样的好处是靴子能通过双脚的调换使用而减少固定磨损，从而实现延长使用寿命的目的。真是绝了！

① 辛店文化是商周青铜文化在甘青地区的分支，因1924年在甘肃省临洮县辛店村首次发现而得名。

文旅延伸

茶卡盐湖

茶卡盐湖位于青海省海西州乌兰县茶卡镇，湖面面积105平方千米，是柴达木盆地的东大门。

“茶卡”是藏语盐池的意思，这里是中国盐文化发源地之一，自古被称为“西宫咸池”。茶卡盐湖是固液并存的卤水湖，镶嵌在雪山草地间，盐湖水域宽广，银波粼粼，蓝天白云、雪山人影映入湖中，如诗如画。漫步湖面，如行走于云端之上，晴日水天相接，夜晚星湖相映，被誉为“中国的天空之镜”。每年农历五月十五日，茶卡会举行祭湖仪式，这一仪式已经持续了两百余年。

宁夏博物馆

银川市金凤区人民广场东街 6 号

镇馆之宝 石刻胡旋舞墓门

在白居易的一首《胡旋女》诗中，描写了一种当时十分盛行的舞蹈——“胡旋舞”的场景：“弦鼓一声双袖举。回雪飘摇转蓬舞。左旋右转不知疲，千匝万周无已时。”从这里我们可以看出胡旋舞的精髓在“旋”，就是不断地旋转。

墓门第一次以实物的形式表现文献记载中的胡旋舞，之前提到胡旋舞，人们都会认为舞者一定是曼妙的女子，墓门上的人物却颠覆了人们的想象，舞者居然是壮汉！这样“反差萌”的画面，着实让人惊异。不过，这也印证

了《新唐书·安禄山传》的记载：“作胡旋舞帝前，乃疾如风。”要知道，安禄山是三百多斤的胖子。

两扇石门正中，各浅雕一位“胡旋舞”男伎，虬髯卷发、深目高鼻，两人身着圆领紧身窄袖衫，下着紧腿裙，足蹬长筒皮靴，为典型的胡人形象。他们各站在一块编织精美的小圆毯上，手举长巾，熟练挥旋。胡旋舞很考验舞者的水平，无论旋转得有多快，都不能转出这块圆毯的范围。圆毯来自西方，而舞者手里的长巾又来自中原，是当时丝绸之路上西传的热门单品，所以，胡旋舞的行头可谓东西合璧。

墓主人是西域小国康国人，胡旋舞恰好也是由康国传入中原。丝绸之路让这位何姓[1]的粟特人定居宁夏并长眠于此。他和他家乡的舞蹈，一起融入了中华民族兼容并蓄的文化圈。

① 何姓为西域昭武九姓的一支，另外还有康、安、曹、石、米、史等。

国宝撷英

石雕力士志文支座

石雕力士支座为白砂石质，近似正方体，圆雕男性力士图像，姿势怪异扭曲，仿佛在用力将石碑高高顶起。其颧骨高突、鼻梁宽大的特征，与壁画中西夏人的形象十分吻合。人像中还露出两颗獠牙，夸张地显示出力士的威武。

这样造型的支座共出土了十余件，但刻有西夏文字的仅此一件，故将其命名为“石雕力士志文支座”，弥足珍贵。座顶左上角阴刻西夏文三行，计 15 个字，赞颂了力士的神力，说明了支座的用途与制作手法。

国宝撷英

鎏金铜牛

鎏金铜牛身长 1.2 米，重 188 千克，铜铸空心，外表鎏金。铜牛造型独特，呈跪卧姿势，双角弯曲，双耳直立，目光炯炯，注视着远方，好像劳累了一天的老黄牛正在休息，猛然间听到主人的呼唤，抬头远视，目闪灵光。它身体的肌肉线条非常清晰、流畅，用形象逼真、栩栩如生这样的词汇来形容再恰当不过了。

铜牛的浇铸采用了传统的外范内模制作技术，表面装饰采用了中国传统的鎏金工艺，真正达到了以形传神、神形兼备的艺术境界。

文旅延伸

沙坡头

沙坡头景区位于宁夏中卫市，这里南靠层峦叠嶂、巍峨雄奇的祁连山余脉香山，北连沙峰林立、广阔无垠的腾格里大沙漠，奔腾不息的黄河在其南部绕了个约300度的大弯向东流去。沙坡头是一个集大漠、黄河、高山、绿洲为一体的旅游景区，非常适合亲子旅游。

沙坡头景区分为黄河区和沙漠区。黄河区的景观绚丽多彩，兼具西北之雄奇与江南之秀丽。这里有中国最大的天然滑沙场，有数百米长的“天下黄河第一索”，在这里既可体验飞越黄河的激情，也可选择坐着羊皮筏子在黄河上漂流。

在沙漠区，可以骑在骆驼上慢悠悠地行走，领略“大漠孤烟直，长河落日圆”的景致；还可以驾驶沙漠越野车，在大漠中体验一把冲浪的感觉，感受征服一个又一个沙丘的乐趣。

新疆维吾尔自治区博物馆

乌鲁木齐市沙依巴克区西北路 581 号

1995 年 10 月，中日尼雅遗址学术考察队深入人迹罕至的西北大漠，顶着烈日，在漫天黄沙中艰难前行。因为有日本同行，中国考古队专家齐东方临行前带了一面国旗，到了营地就挂了起来。

镇馆之宝

「五星出东方利中国」锦护膊

中国考古队在沙漠中偶然发现露出的木材，根据考古经验，这里应该是一处墓葬。当开启编号 M8 的木棺后，只见男性墓主人右臂肘部露出一点色彩斑斓的织锦，在黄沙中格外醒目。当这块织锦被提取出来并慢慢翻开，“五星出东方利中国”几个白色的篆体汉字很容易被辨认出来，在场所有人都震惊了。

这八个字好像预言一般，我们的国家叫“中国”，位于世界的“东方”，国旗上有“五星”，恰好考古队中一位专家名叫“东方”（齐东方老师）。

这块面积不大的织锦用宝蓝、绛红、草绿、明黄和白色五色，织出了星纹、云纹、茱萸纹和孔雀、仙鹤、辟邪、虎豹等祥瑞禽兽纹样，搭配上文字，真是气势非凡。织锦为什么叫“护膊”呢？织锦上的“五星”和“中国”到底是什么意思呢？

织锦上下共有 6 根绢带，用来系在肘部，是古人射箭时保护胳膊的护具，被称作护膊。“中国”是个地理概念而非国家名称，是指黄河流域中原地区，这个词最早出现在青铜器“何尊”铭文中。“五星”指现代天文学中的水星、金星、火星、木星和土星，五星齐聚，出于东方，是大吉之兆，战争必胜。在尼雅出土的不少织物上都有吉祥祝语，“五星出东方利中国”就是其一，另如“王侯合昏千秋万岁宜子孙”等。

专家推测，这块护膊很可能是来自四川的蜀锦。织造完成后，从蜀地被运往长安城，经过丝绸之路，传播到了西域三十六国之一的精绝国，也就是今天的尼雅遗址。由此可以证明汉中央王朝凭借畅达的丝绸之路，对西域地区进行有效治理。

绢衣彩绘木俑

国宝撷英

三位穿着丝织衣物、化着精致妆容的木俑“小姐姐”，是目前发现的唐代唯一一组穿衣俑，新疆维吾尔自治区博物馆展出了其中一尊。

木俑的头部与躯干部是分开制作的，用木条在颈下连接，双臂是用纸捻成的，插入肩部两侧的小孔内，制作工艺非常特别。木俑身上的服饰最为别致：外罩彩色窄袖绢衣，腰系花锦宽带，肩披绛黄色印花长帛，红黄相间彩条纹长裙曳地，就像唐朝的“时装模特”，再现了那个时代的流行风。

绢衣薄如蝉翼，但历经千年时光，依旧鲜艳如新，尤其是从木俑的服饰中还发现了缂丝的存在，证明初唐时候就有了缂丝这样的“织中之圣”。

伏羲女娲图

国宝撷英

传说中开天辟地的创世始祖伏羲、女娲呈人首蛇身，蛇尾相交，有生命繁衍的意思；伏羲手里拿着矩（即曲尺），女娲则手执规（即圆规），我们知道曲尺用来画直线，圆规用来画曲线，伏羲、女娲就像是建筑设计师一般，“规天为图，取地为法”，同时“规矩”也有万事万物遵循规则的意思。

画幅上方绘太阳，下方绘月亮，四周的小圆象征星辰，复杂一点的还形成了星象，营造出天界仙境的氛围。这些图像反映了先民的生殖崇拜和图腾崇拜，同时也契合了汉代普遍流行的伏羲、女娲“引魂升天”观念。

文旅延伸

天山天池

天山天池古称“瑶池”，地处新疆昌吉回族自治州阜康市境内，距乌鲁木齐市 110 千米。它是博格达雪山的冰川湖泊之一，但比周围其他冰川湖大很多。许多地理学家认为，它其实是个“冰川堰塞湖”，被冰川泥石流增高了堤坝，蓄水量因此而“升级”。

这里群山环抱，碧水蓝天，雪峰雄伟挺拔，倒映在池水中，湖光山色浑然一体。

天池与新疆当地干燥的环境完全不同，这里常年气候湿润，降水充沛，空气清新，凉爽宜人，因此也被誉为“天山明珠”。

5 至 10 月是天池最美的时候，除了蓝得发亮的湖水之外，向南望去，可以看到庄严、宁静的博格达峰与天池交相辉映，形成天山最美的景致。

河南博物院

郑州市金水区农业路8号

《四神云气图》壁画

镇馆之宝

河南地处中原腹地，是中华文明重要的发祥地，古人有“择中建都”的理念，历史上先后有二十多个王朝在此建都。河南博物院所藏精品文物数量众多，光“镇馆之宝”就推选出了九个，而《四神云气图》壁画，是其中体量最大（16.8平方米）的一个。

这幅壁画原本在西汉梁国一位诸侯王墓室的天花板上。只见一条青龙贯穿整个画面，前两足踏着氤氲云气，后足承接朱雀之尾，而朱雀恰好嘴衔青龙的鹿形之角，两者同游天际。青龙弯曲的身躯之下，一只白虎仰头张口，想要吞食灵芝仙草，脚踏云气，欲跃起飞腾。青龙张着的大口之前，有一只似鱼的怪兽，是不是玄武尚有争议，它被青龙有力的长舌钩住，身体也随之扭曲。四神之间均有互动，富有动态美，祥云、花朵充斥于整个画面，生机盎然，繁而不乱。

壁画由红、白、黑、绿四色矿物颜料绘就，尤其是主体的红黑配色具有典型的西汉审美，代表了当时绘画艺术的最高成就，被誉为“敦煌前之敦煌”。升仙思想是西汉墓葬美术特有的主题，时人认为，四神正是作为人间与仙境的摆渡者，守护墓主人踏上升仙之路。无论是色彩还是内容，《四神云气图》可与同时代的马王堆一号汉墓朱地彩绘棺漆画对比欣赏。

国宝撷英 云纹铜禁

“禁”，作为一种青铜器型，是盛放酒器的案具，但更重要的意思是“禁戒饮酒”，就像香烟包装上“吸烟有害健康”提示语的作用一样。

作为首批“禁止出国（境）展览文物”，这件铜禁有三大看点：首先是其霸气而奇特的造型，案面周围及四壁均以内外多层粗细不同的铜梗盘绕而成“云纹”，错综复杂、玲珑剔透，铜禁四周攀附 12 条龙形怪兽，下方蹲伏 12 只虎形异兽，神圣庄严。其次，云纹铜禁是目前发现的年代最早的失蜡法铸件，可与曾侯乙尊盘对比欣赏。最令人叫绝的是，铜禁出土时是一堆难以分辨的铜梗铜渣，靠的是文物修复匠人的巧手复原，对这些碎片“缝缝补补”，才有我们今天看到的样子。可以说，文物修复的难度不亚于文物本身的制造。

武则天金简

国宝撷英

这是中国目前发现的唯一一枚金简，由一位村民无意中在嵩山峻极峰的一处石头缝里发现并上交国家。上面刻着的 63 个字告诉后人，这枚金简与中国唯一的女皇帝武则天有关，可以说是目前唯一一件与武则天有直接关联的可移动文物。

武则天晚年时，对道教神仙世界充满向往。700 年的七月初七乞巧节，77 岁的她来到嵩山，命人刻下这枚金简，并派遣一位道士将金简投到嵩山山顶，以求祛除灾祸、获得长生。金简上的内容，是天子与天帝的“私密话语”，史家无从获得资料，肯定也无法在史籍中留下痕迹。

武则天为了显示自己至高无上的权威，很喜欢创制新的文字，这枚金简里就有五个“则天文字”。她的名字“曌”最为人熟知，再如将“国”写作“圀”，取统御八方之意。

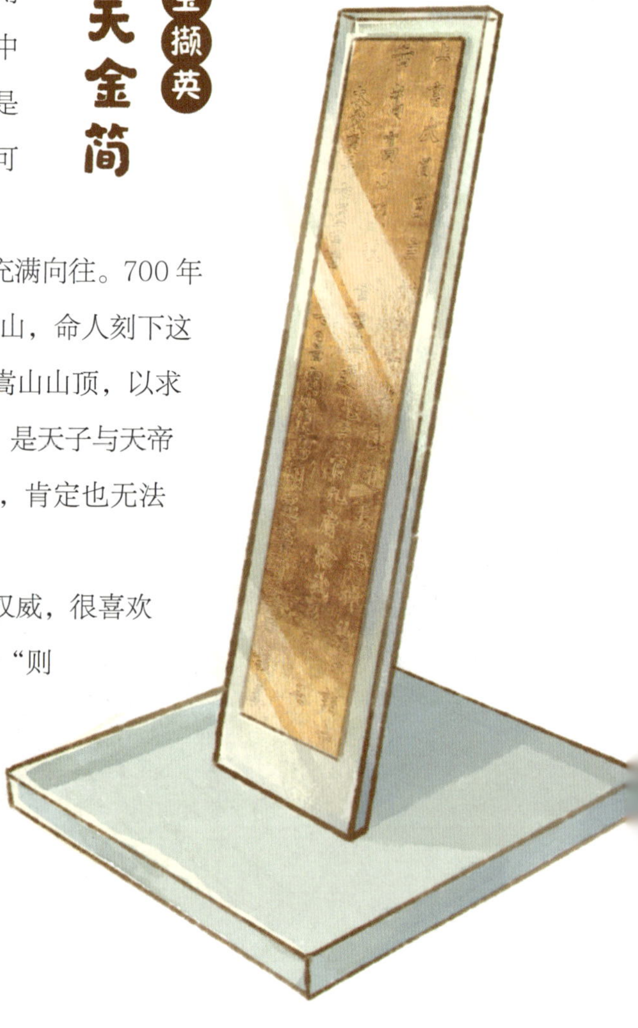

文旅延伸

康百万庄园

参观完河南博物院，建议去一趟距离郑州不远的巩义市，参观康百万庄园。康百万庄园是全国三大庄园之一，被誉为豫商精神家园。

康百万并非具体某个人，而是明清以来对“中原活财神”康应魁家族的统称，其家族历经明、清、民国三个时代 400 余年而长盛不衰，其奥秘就是家族的“留余”家训。

主宅中的“留余匾”外观不是常见的矩形，上下各有一块缺口，像一面招展的旗，据说，这叫“上留天，下留地”，“临事让人一步，自有余地；临财放宽一分，自有余味”，饱含中华传统智慧。

康百万庄园靠邙山，临洛水，堡墙高筑、楼阁重叠，融南方之古朴幽雅与北方之粗犷厚重于一体，处处可见“天人合一”的建筑哲学。

湖北省博物馆

武汉市武昌区东湖路160号

镇馆之宝 曾侯乙编钟

湖北省博物馆被誉为荆楚文化的渊薮殿堂，近年也评选出了“十大镇馆之宝”，曾侯乙编钟毫无疑问位居首席，毕竟人家可是馆徽的图案。可以这么说，湖北省博物馆的名气多半是曾侯乙文物带来的，而来馆的观众多半又是冲着编钟来的。

编钟的主人是战国时代的曾国[①]国君，名“乙”。这套65件的大型乐器，分三层八组悬挂于曲尺形木架上。上层是钮钟，中下层是甬钟，下层正中为镈钟。钮钟垂直悬挂，甬钟斜着悬挂，开口都是弧形；镈钟的开口是平的，可以稳稳放置在地上。这件镈钟意义特殊，是楚惠王熊章得知曾侯乙去世的消息后，赶制出来赠予其永世享用的，是一件象征身份的礼器，并不参与演奏。

① 据考古材料论证，曾国就是史书上记载的“随国”，详情可参观《曾世家——考古揭秘的曾国》展览了解。

古代乐器按照材质分成八类：金、石、丝、竹、匏[1]、土、革、木。曾侯乙编钟和同时出土的编磬，正好对应“金”与“石”。敲击演奏，编钟一钟双音、音域宽广，编磬清脆悠扬，让人们真正从听觉上体会到了什么是“金石之声”“金声玉振”。

参观完曾侯乙文物展，再听一场编钟演奏，已经成了许多游客在该馆游览时的“标配”。虽说编钟的原件只有来湖北省博物馆才能看到，但它的复制件，可是遍布全国旅游景区。“形、声神似原件”的编钟复制件还频频亮相国际舞台，先后出访 20 多个国家和地区，成为文化交流的“金色名片”。

① 匏：笙、竽等一类乐器。

越王勾践剑

国宝撷英

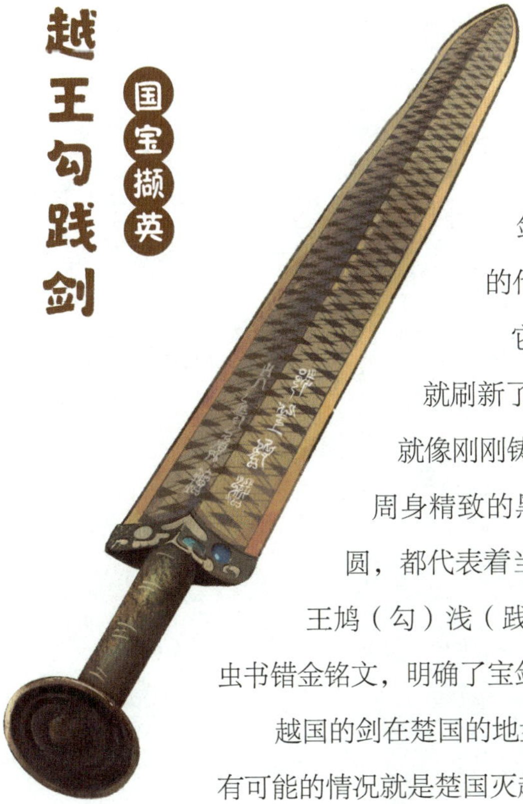

“古剑寒黯黯，铸来几千秋。”春秋战国时期，吴越青铜剑天下驰名，越王勾践剑就是杰出的代表。

它出土时带剑鞘，“利刃出鞘”后就刷新了人们的认知。它历经千年而不锈，就像刚刚铸成一般，甚至能轻松划破 20 层纸。周身精致的黑色菱形花纹，剑首的 11 道同心圆，都代表着当时“高精尖”的铸造工艺。“越王鸠（勾）浅（践）自作用剑”八个当时流行的鸟虫书错金铭文，明确了宝剑的主人。

越国的剑在楚国的地盘上出土，这样的例子还不少，最有可能的情况就是楚国灭越时俘获而来。如今湖北省博物馆辟出独立展厅对其加以最高礼遇，慕名观赏的人群每天都排着长长的队伍。

国宝撷英

元青花四爱图梅瓶

元青花极其珍贵，存世仅三四百件，其中很多还流落海外。青花的釉色白中泛青，淡雅青翠。梅瓶，因开口很小，只容得插进梅枝而得名。“四爱”，是指四幅高士图，分别为“王羲之爱兰”“陶渊明爱菊”“周敦颐爱莲”“林逋爱梅鹤”，四位古代名人的雅好，通过梅瓶腹部的四个开窗呈现。元青花图案常见花鸟草虫，人物故事图则罕见，习近平主席曾向外国友人介绍它：“这件藏品可以说是陶瓷中的熊猫。”

梅瓶的真正主人是郢靖王妃郭氏，据《明史》记载，郢靖王去世后，郭氏悲痛欲绝而自尽，与夫君合葬，陪葬品中就有她生前最爱的这件梅瓶。

文旅延伸

东湖

湖北省博物馆就坐落在东湖之滨。东湖是中国第二大城中湖，由听涛、磨山、落雁、吹笛、白马和珞洪 6 个片区组成，四季皆有独特风貌。这里绿树成荫，繁花似锦，除了梅园、荷园、樱园等 13 个植物专类园，还有国家三大核心植物园之一的武汉植物园，在那里可欣赏到宫崎骏电影中的童话森林、仙人掌沙漠以及神秘的热带雨林。

东湖不仅吸引外地游客，也是武汉居民的城市乐园。美丽的东湖绿道全长超过 100 千米，是健步和骑行的理想选择。

“东湖之眼”摩天轮位于东湖风景区中心地带，升到最高点时，可饱览东湖美景，是游客欣赏武汉城市风光的绝佳地点。

湖南博物院

长沙市开福区东风路 50 号

五十多年前，被长沙人亲切称为“辛追娭毑”的老太太和“轪侯家”的全部“家当”，搬进了当时的湖南省博物馆，成为湘博的一块招牌；随着博物馆升级为博物院，老太太的“新家”几番迭代，也越来越先进。她能够完好地“活”到今天，证明两千多年来，长沙城都没有受到过地震侵扰。

作为“轪侯家”的女主人，她爱吃，爱美，更爱穿：随葬的各种食物，能想到的都不缺；化妆盒里除了涂的抹的，还有假发用于修饰；她把一年四季各式袍服深衣都搬到了地下世界——罗、绮、绢、绣、绵、纱、锦，十余件衣服还相当完好，展示出汉服原汁原味的魅力。

镇馆之宝 素纱禅衣

素纱禅衣想必是其中最令人惊叹的一件，它并非华丽夺目，而是极致轻薄。“禅”，其实就是不加衬里的单层衣服，《说文解字》里解释为“衣不重（chóng）”，现在也可以写作“单衣”。

这件实物出土后，人们才相信诸如“薄如蝉翼，轻若烟雾”的描述并非凭空想象。衣长 128 厘米，两袖展开有 190 厘米的超大码衣服，重量只有 49 克，1 两都不到，也就跟一颗鸡蛋差不多重。如果把领口、袖口镶着的绒圈锦去掉，纯素纱只有 25 克，折叠起来能放进火柴盒，叠上数十层仍能隔着看清报纸上的字。这件素纱禅衣是直裾式，出土时还有一件更轻的曲裾式（48 克），2024 年在湖南博物院首度展出。

素纱禅衣怎么穿呢？有人说是古人贴身穿的内衣，但或许更靠谱的还是作为套在华服外的装饰，展现出若隐若现的朦胧美。

南京云锦研究所花了 30 年时间才复制出与原件一样重量的素纱禅衣，其实衣服的织造工艺就是最简单、最常见的平纹织法，并无难度，关键是衣服所用的蚕丝格外纤细，今天的蚕宝宝已经吐不出西汉时那样细的丝了。后来只能为蚕宝宝“减肥”，才得到现代能获得的最细的蚕丝，成功完成了符合标准的复制。

国宝撷英

人物御龙帛画

马王堆一号和三号汉墓分别出土了一幅 T 形帛画，它们延续了楚地艺术传统，其前身要追溯到这一幅战国帛画。

《人物御龙帛画》出土于长沙子弹库楚墓。帛画中，一位头戴高冠、身穿博袍、腰佩长剑的男子，立于一条龙化成的舟上，正御风前行。画面是静态的，但从冠服的飘带、头顶华盖的垂穗可以感知风动的方向，墓主人的灵魂正在龙、鹤（或是凤）、鱼的护佑下，前往天国。

帛画简洁却细腻的线条，将人物刻画得生动传神，其与长沙出土的另一幅战国帛画（《人物龙凤帛画》）并称为先秦绘画艺术双璧。

国宝撷英

大禾人面纹方鼎

商周青铜器中，兽面纹常见，用人面作装饰，而且一件鼎的四面都装饰着醒目的半浮雕人面纹的，仅此一件。鼎内有“大禾”铭文，故其又称“大禾方鼎”。

细细看来，这并非一个普通的“人”，他有着巨大的头和脸，其实四周还有角和爪，头后面还隐藏着看不见的身躯。无论东方与西方，这种半人半兽的形象，往往拥有某种超能力，伏羲女娲、良渚玉琮神徽都是如此。这张“人面”可能是某个族群传说中的祖先、某个部族的英雄，也可能是凝聚先民精神寄托的“神”。

方鼎的命运颇具戏剧性。当时它已变成十余块残片，差一点就被当成废铜扔进熔炉，还好被文物工作者及时追回，才有了今天的“孤品”。

文旅延伸

长沙铜官窑国家考古遗址公园

唐宝历二年（826年）后若干时日，一艘阿拉伯商船满载在中国采购的商品，沿着海上丝绸之路驶向阿拉伯地区，不过还没有顺利抵达目的地，就在今天印尼勿里洞岛附近触礁沉没。1998年，这艘名为“黑石号”的沉船及船上的文物被打捞出水。6万多件文物中98%都是瓷器，其中5万多件都是唐代长沙窑烧造的瓷器，大量瓷器装饰有阿拉伯文与伊斯兰图案，均是来样加工、专供出口的定制款。

中晚唐时期，长沙窑盛极一时，釉下彩瓷畅销海内外，是9世纪最大的外销瓷产地，与浙江越窑、河北邢窑并列，有“南青北白长沙彩”之说，奏响了海上丝绸之路的湘江和声。

铜官窑国家考古遗址公园内有目前世界上保存最为完好的唐代龙窑（谭家坡遗址），整齐摆放在窑内的瓷器，穿越千年后，依然散发着温润的光，静静诉说着长沙窑昔日的繁华。

山东博物馆

济南市经十路 11899 号

2023 年，山东省文化和旅游厅组织开展了山东文物标识实物原型推选工作，这意味着在山东这个文物大省仅有一件文物能脱颖而出，成为山东独特地域文化的“形象大使”，最终龙山文化时期的蛋壳黑陶高柄杯入选，可谓“五百万里挑一”。

镇馆之宝 蛋壳黑陶高柄杯

名为“蛋壳”，是说黑陶杯的杯壁像蛋壳一般薄，薄到什么程度呢？最薄处仅有 0.2 至 0.3 毫米，宛如蝉翼般轻盈，即使是作为支撑的杯柄，厚度也不超过 1 毫米，整个杯子不足 70 克。若轻轻敲击，它还会发出玉磬一般的清脆声响。今天用先进的机械与工艺，经过数百次试验，仍难以达到这种极致的薄度，要知道这是 4000 多年前的“山东手造”啊。

除了薄，蛋壳黑陶的另一特征就是色黑且油亮，即使在地下埋藏数千载，仍不失当年的熠熠光泽。陶土并非黑色，而是在烧制过程中使用了“渗碳”工艺，在窑内制造烟雾，并封闭窑炉通气孔，烟雾中的碳颗粒就会渗入陶胎中，形成黑陶。文博界对它的闪光点有一句总结：“黑如漆、亮如镜、薄如壳、硬如瓷，掂之飘忽若无，敲击铮铮有声。”

蛋壳黑陶杯上不乏史前“黑科技”：陶土经过多次过滤去除杂质，拉坯时使用了精密稳定的快轮工具，烧制时火候特别均匀……多道工序环环相扣，创造了中国乃至世界陶器制造史上的巅峰。

山东博物馆藏有多件蛋壳黑陶杯，但这一件“高柄杯”柄部雕刻出复杂的镂空花纹，尤为精美，其实，它已经超出了实用器的范围。如此“不实用”的酒器在当时显然是作为一种礼器来使用，从侧面证实了当时山东地区已经发展出发达的早期文明，它代表了新石器时代海岱地区文明的高度。

国宝撷英

亚醜钺

它是文物界表情包的“扛把子”，观众可能忽视它的用途，但一定会记住这张呆萌可爱的“脸”。弯钩状的眉毛，兽状鼻子，圆睁的双眼，两只小耳朵，咧着大口，嘴角上扬，露出城墙垛口似的牙齿。或许它本要用这样狰狞可怖的表情吓人，但今天的人似乎只会觉得它是个长得像海绵宝宝的“显眼包”。不过，认识了它作为“钺”的地位，才知道它有多厉害。

学界的普遍观点认为，钺与古代王权的关系不言而喻——甲骨文中的“王”字类似斧钺之形，尤其是最后一笔弯弯的像钺的刃口。钺在中国古代既可作为战斗武器，也可作为象征王权、军权的礼器，二者并不矛盾。

青铜器的命名依据离不开器型与铭文，那张大口的两侧有“亚醜”二字的铭文，故得名“亚醜钺”。“醜”虽然今天简化为“丑”，但提到它时还是应使用与铭文一致的文字，毕竟“亚醜”是古代东夷部族的名号，其中的“醜”与美丑并无关联。

国宝撷英 九旒冕

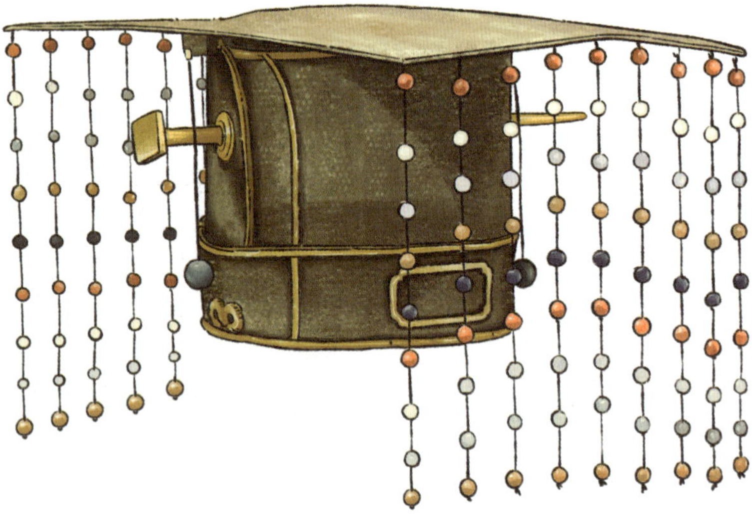

这件文物出土于朱元璋第十子朱檀墓中，他被封为鲁王，死后谥号为“荒”，所以也叫鲁荒王。

“古之王者，冕而前旒（liú）。”“冕”是天子诸侯戴的礼帽，“旒”是冕冠前后悬垂的珠串。“九旒”即前后各 9 条珠串，每串有红、白、青、黄、黑 5 种颜色 9 颗玉珠，共 162 颗。这件九旒冕是现存唯一一件明代冕冠实物，主体为藤篾编制，表面敷黑漆，并有一支金簪贯穿。冕的顶部是“綖（yán）板”，前圆后方，上涂黑漆，以示庄重。冕冠左右下垂有两块玉，即所谓的“充耳”，意在劝诫戴冕者能够不听谗言。像“冠冕堂皇”“充耳不闻”这样的成语，就能从实物中加以理解了。

文旅延伸

青州博物馆

“海岱惟青州”，青州在《尚书·禹贡》中，是古“九州”之一。青州博物馆，虽然只是“县级”，但名列首批“国家一级博物馆”。馆藏龙兴寺遗址出土的佛教造像，让这个“小众而惊艳”的博物馆频频出圈。400余尊佛教造像，横跨北魏至北宋500多年，几乎以“裸展”的方式，让观众近距离领略可意会而难言传的东方美。

佛像的体态透过轻薄的衣服隐现出来，仿佛刚刚从水中出来一般，这独有的“曹衣出水”艺术风格，是中国佛教造像的巅峰。静谧、从容，面带一丝神秘的笑容，来自时光深处的青州造像，因这永恒的微笑惊艳了世界，也感染着每一位有缘谋面的人。

南京博物院

南京市玄武区中山东路 321 号

南京博物院专辟一个“镇馆之宝”展厅，18 件官方确定的镇馆之宝会在此轮换展出，一宝独居一段时间，给予它们最高规格的礼遇。国宝级文物金兽就是其中之一。

金兽出土于江苏省盱眙县的一处窖藏，是目前我国出土的黄金铸器中最重的一件，重达 9100 克，黄金的纯度也很高，达 99%。与它同时期的金饼与马蹄金，含金量大约在 95%，战国时期的金器含金量就更低了，有些仅为 70%，这说明如果没有较高的冶炼和提纯工艺，金兽不可能达到如此高的纯度。

金兽呈屈腰团身的造型，神态警觉，全身布满圆形斑纹，是在整体浇铸成型后，用工具锤击而成的，视觉上闪亮耀目，将金属铸造工艺和锤揲工艺这两种技法完美结合。

镇馆之宝 金兽

金兽究竟是什么动物？目前的主流观点认为，它最接近“豹”，这是根据其满身的斑纹来判断的。古人认

为，豹有辟邪的功能，因此常将器物做成豹形，以求平安，加上西汉时期王侯贵族有驯养豹的风尚，这也是一条佐证。

金兽的用途是什么呢？学界有两类说法。第一类说法是实用器，很可能是用作“镇”，就是汉朝人们席地而坐，用这个来压住席子四角，因为金兽上方有粗壮的环钮，可以方便提拿，以硕大的纯金兽作为席镇，异常阔气；也有人说它类似今天的秤砣或砝码，因为金兽腹内壁刻有“黄六”字样，“黄”指明其黄金质地，“六”为序数，可能是金兽的编号，也就是说，金兽可能有大小不一的多件。第二类说法是它只是用作象征物，没有实用功能，或为王室、国库所用镇器，寓意镇邦护国、辟邪祈吉，可谓“镇护之宝”。

国宝撷英

竹林七贤与荣启期砖画

不同于颜料涂绘的壁画，这幅画“绘制”在由数百块砖拼砌而成的墙面上，砖块或横或纵，在砖块侧面有“向下行廿一”等标识位置的文字，可以推测，砖画图原有一幅底稿，由工匠将画面拆分后制成模具，模印成砖，再将砖块按照顺序拼合起来并砌入墓室。

砖画分两组，一侧刻有嵇康、阮籍、山涛、王戎四人，另一侧刻有向秀、刘灵(伶)、阮咸、荣启期四人。荣启期是春秋时代的隐士，另外七人是魏晋时期著名的“竹林七贤”，不同时代的人物并列，可能是“凑成双数”满足两壁画面对称的需要。

以上八人皆席地而坐，各具神态，每个人物身旁均标明姓名，彼此之间以树木相隔，既各自独立又和谐统一。这组砖画改变了汉画像砖剪影式的风格，画中人物“秀骨清朗”的线条颇有顾恺之的画风神韵。

国宝撷英

明洪武釉里红三友带盖瓷梅瓶

这件梅瓶名称中的“带盖”二字，恰好是它身价的体现，因为明洪武年制的釉里红梅瓶里，绘有岁寒三友图的，全世界只有两件，而带盖子又完好的，仅此一件。

这是明永乐帝女儿安成公主的陪葬品，瓶身以松、竹、梅“岁寒三友”图为主体。也许是追求画面对称的缘故，洪武年间的岁寒三友纹饰都会多画一株芭蕉，明、清两代沿袭该画法。

釉里红瓷器出现于元代景德镇，是在白色瓷胎上以含铜的颜料绘画，然后罩以透明釉一次烧成，相比青花瓷，烧造难度极高，烧成的概率非常低，曾一度在陶瓷史上“消失”。这件梅瓶釉色欠佳，有些发黑，但能流传下来的完整釉里红瓷器已是凤毛麟角，因此瑕不掩瑜，丝毫不影响它的珍稀程度。

文旅延伸

红山森林动物园

近年来，红山森林动物园屡屡走红，园方在全国率先宣布拒绝动物表演后，就收获了一大波好感。红山的每一个动物都有自己的名字，动物园也善于为小动物们编故事，赋予它们独特的个性，比如狼的简介牌上是这么说的：“姓名：小黑，性格：得罪过狼后，现在夹着尾巴做狼。”沿途的路标不是冰冷的告示而是用心的手绘，除了说明动物的习性外，也宣示了它们“不被人看见的权利”。游客来此游玩，好像不是传统意义的参观动物园，更像来到小动物们的家中做客。

红山许多动物成了“顶流”的网红，如白面僧面猴“杜杜”、水豚“杏仁”、考拉“梧桐”、美洲豹“里昂”、水獭“澜沧”、金丝猴“瑞瑞”、大熊猫“九九”、老虎“咖啡”等。动物园的文创也相当出名，几乎没有游客会空着手出来。

“动物园不是花钱看动物的地方，而是学会看待动物的地方。”尊重动物、凡事以动物优先，一直是红山恪守的理念，这样的动物园谁不爱呢?

安徽博物院

合肥市蜀山区怀宁路87号

一些顶级文物，如果是成对的，很可能国家博物馆要征调一件作为“国家名片”来展示，比如河南博物院的妇好青铜鸮尊，湖北省博物馆的曾侯乙铜尊缶、铜鉴缶（即“冰鉴”），它们的一个孪生兄弟就在国家博物馆安了家，安徽博物院的吴王光鉴也是如此。

镇馆之宝 吴王光鉴

它的命名如同“越王勾践剑”，是“拥有者”加“器物名”的组合。吴王光，正是被越王勾践打败过的吴王阖闾，吴王夫差的爸爸。这件古朴简洁的青铜鉴内，铸有52字铭文，让我们知晓它是一件嫁妆，吴王阖闾的女儿叔姬嫁给蔡昭侯，专门陪嫁了这对“好事成双”的重器。铭文中除了记录铜鉴制作时间、选用材料、制作缘由外，还有父亲对女儿的殷切叮嘱，其中一句“往已叔姬”令人动容，流露出父亲的满腔柔情。

鉴是一种盛水器，装满水有镜子

的作用，供人观容貌、正衣冠。但吴王光鉴内腹底部的四个铜环，让我们知道它一定还有其他的用途。与铜鉴同时出土的，还有一件圆形的铜壶，我们称为“尊缶”，这尊缶上也有四个铜环，想必能用绳子与铜鉴的环相连接，起到固定尊缶的作用。原来，这两件器物配合起来使用，就成了一台不插电、没有门的古代冰箱，称为“鉴缶”。我们想象一下，在尊缶中盛满酒水，再将其固定于铜鉴之上，然后将冰块填充于鉴与尊缶之间，不就能在炎炎夏日享用冰镇美酒了吗？有人会问，夏天的冰从哪里来呢？早在三千多年前，古人就懂得冬天取天然冰存放于地窖，供夏日享用。《诗经·豳风·七月》中所记载的“二之日凿冰冲冲，三之日纳于凌阴”就是明证。当然，在寒冷的冬日，也可以反向操作，在鉴与尊缶之间盛上热水，就能温酒暖身了。

文物界更有名的“冰箱”就是曾侯乙墓出土的铜鉴缶，从春秋到战国，“冰箱”也升级换代了，原理一样，但器型装饰的精致程度不可同日而语。

国宝撷英

铸客大鼎

安徽博物院以楚系文物收藏为特色，其中一件重达 400 千克的青铜大鼎格外引人注目。它出土于楚幽王墓，“楚大鼎”是它最直白的称呼；鼎的口沿上有 12 字的铭文，开头是“铸客”二字，按照青铜器依据铭文命名的惯例，它又叫“铸客大鼎”。很长一段时间，它都是春秋战国时期最大的圆鼎。

蹄状足、高浮雕，兼具力量与气势，“三足鼎立”一词在它面前是如此的具象，楚人的雄心霸气呼之欲出。毛主席曾到当时的安徽省博物馆视察，绕鼎一周，风趣地说道：“好大一口鼎，能煮得上一头牛哇！”

大鼎的两处地方刻有“安邦”二字，寄托着楚国统治者的美好愿景，意蕴深长，于今天的我们心有戚戚。如今矗立在南京的国家公祭鼎，就是以铸客大鼎为原型，凝固国家记忆，见证民族复兴。

国宝撷英

鄂君启金节

楚怀王的儿子启，封地在鄂，所以称之为“鄂君启”；金节，形状像剖开的一节竹片，青铜打造，上刻错金篆书。金节可以理解为今天的免税通行证，稍长的是舟节，用于船只水运，稍短的是车节，用于车辆陆运。

这些由楚怀王颁发给鄂君启的免税通行证，承载的信息真不少，车船大小与数量、交通运输的路线、运输货物的种类以及哪些货物是禁运的，都说得明明白白，由此也可看出楚国商业贸易的发达与管理制度的完备。

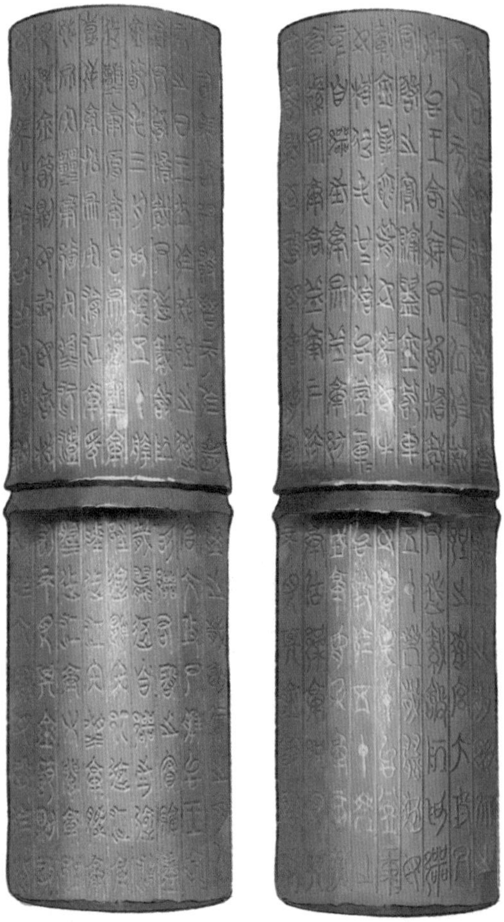

免税是鼓励商贸的措施，鄂君商队所经过的地方，都是当时楚国疆域的边地或楚国境内的普通城邑，这显然是利用优惠的经济政策，吸引商人到落后地区进行贸易，从而拉动经济发展，太有经济智慧了吧！

文旅延伸

凌家滩国家考古遗址公园

凌家滩文化是安徽重要的新石器文化，与辽宁红山文化、浙江良渚文化并称为“中国史前三大玉文化”，被纳入中华文明探源工程。

位于含山县的凌家滩遗址，三十多年来出土了大量玉器，玉龙、玉猪、玉鹰、玉龟、玉版、玉人皆是负有盛名的宝贝，玉双连璧还成为2022年北京冬奥会奖牌的设计灵感来源。著名考古学家张忠培曾说：“凌家滩的玉器，昭示出中华文明的多样性、复杂性和一体性，是中华文明不可多得的宝贵实证。”

如今，凌家滩遗址已开辟成国家考古遗址公园，考古发掘仍在继续，值得我们去实地感受五千年前的文明曙光。

浙江省博物馆

杭州市西湖区碧波路之江文化中心（之江馆区）
杭州市西湖区孤山路25号（孤山馆区）

在《周礼》中，有“以苍璧礼天，以黄琮礼地”的说法，玉琮作为天子礼祭天地四方的“六器①”之一，享有至高的地位。

玉琮的形制是圆方相套的形状，内圆象天，外方象地，既契合古人“天圆地方”的朴素观念，也是天地贯通的象征，因此，玉琮常作为沟通天地神人的一件法器。

镇馆之宝 良渚文化玉琮

浙江省博物馆所藏的这件良渚玉琮，体形硕大、玉质上乘、雕琢精美，被誉为“琮王”，其最奇特之处就是四面刻画的八个“神人兽面纹”图案。

这个图案的主体为“神人”，面部呈倒梯形，眼睛、鼻子、牙齿都非常写实。“神人”的身下是一只伏在地上的神兽，长着两只大圆眼，眼眶

① “六器”指璧、琮、圭、璋、璜、琥六种祭祀天地四方的玉器。

之间有短桥相连，张开的嘴内有尖利的牙齿。神人兽面多处采用了精致微刻技术，可以在 1 毫米宽度内徒手微刻 3 至 5 条纹饰，在今天都难做到，何况是四五千年前的新石器时代。

玉琮上的图案应是良渚人崇拜的“神徽”，也是权力地位的象征。神人兽面，可以理解为一种史前祭祀的状态，玉琮上的神鸟纹代表神的使者，也可以是祭司（巫师）或部落首领的使者，鸟儿上下翻飞，传达着人神之间的心意，玉琮被视为良渚先民与神灵沟通的圣物。

良渚的玉文化，对同时期的龙山文化产生了影响，并辐射大半个中国。殷墟、三星堆等许多商周遗址中，也发现了源自良渚文化的玉琮，可见良渚文化对中华礼制文明的意义。

国宝撷英 鎏金纯银阿育王塔

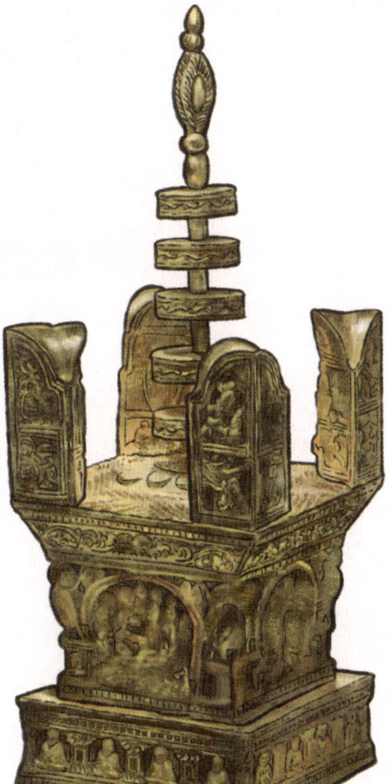

阿育王是古印度孔雀王朝的第三任帝王，他制定了用来供奉佛祖舍利的塔的形制，被称为“阿育王塔”。在民间传说中，杭州西湖畔著名的雷峰塔是用来镇压白娘子的，事实上，它是吴越国王钱俶为奉安“佛螺髻发[①]”而建。

雷峰塔坍塌后，直到 2001 年才对遗址进行发掘，地宫的盖板被打开，这件鎏金纯银阿育王塔终于重现人间。塔呈方形，纯银制作，由基座、塔身、塔刹三部分构成。塔身四角的山花蕉叶上以连环画的形式镂刻了释迦牟尼诞生、出家、成道、传法等历程；塔身四面圆拱形龛内镂刻佛教故事。阿育王塔之前也有出土，但多是铜、铁铸造，纯银打造的阿育王塔还是首次发现。

① 即佛头顶一个个似螺壳的发髻。

万工轿

国宝撷英

这顶清末时期的轿子是宁波朱金漆木雕的精华之作，集木雕、彩漆、镶嵌和贴金于一身，因制造这顶轿子耗费了一万个工时，故称“万工轿”。它犹如一座黄金造就的宝龛，剔透玲珑，轿子上有 7 层楼阁，5 座主亭，称“五岳朝天”。轿上雕有数百个人物和花鸟虫兽，组成各种戏曲故事和吉祥主题；四周用朱金雕刻层层装饰点缀，再衬以绣片、珠翠、流苏、镜片、玻璃等进行装点。据说光制作这顶轿子耗费的金箔就有 100 两，整座轿子的豪华程度甚至远远超过皇后用的花轿。

从轿子上的“聚成号大鸿福轿”题款可以推断，这应该是一家“婚庆公司”用于出租的花轿。在清末民初，浙江东部“土豪”家里嫁女儿，就是这么个豪华排场，可谓“良田千亩，十里红妆”。

文旅延伸

良渚遗址

“如果没有中华五千年文明，哪里有什么中国特色？”习近平总书记的一番话，揭示了中国特色的文明底蕴和中华民族的自信之源。良渚遗址的考古发现，为中华五千年文明史增添了实证依据，被誉为文明“圣地”。2019年，良渚古城遗址被列入《世界遗产名录》。

来到良渚古城遗址公园参观，在南城墙遗址的剖面，依然可见来自五千多年前的草裹泥与垫石，良渚先民用石块铺垫墙基，用山上的黄色黏土堆筑城墙；莫角山是遗址的中心区域，这片利用自然山体人工堆筑的大型台地，是良渚古城宫殿的所在地；被誉为“土筑金字塔”的反山王陵，出土了包括“玉琮王”在内的大量珍贵文物；在纵横交错的古河道间，还有先民制作漆木器和玉石器的手工业作坊……

良渚古城出土的绝大部分文物就收藏在良渚博物院，一起到这里探寻古老文明起源的秘密吧。

上海博物馆

黄浦区人民大道201号（人民广场馆）
浦东新区世纪大道1952号（东馆）

2021年6月18日，文博界一桩盛事引人瞩目，被誉为“海内青铜器三宝”之二的大盂鼎、大克鼎在上海博物馆“鼎盛千秋”特展上同台展出。这两件鼎原来同属一个主人——苏州名门潘氏家族，新中国成立后，潘达于女士代表家族将此双鼎无偿捐赠给上海博物馆。1959年国庆十周年之际，其中的大盂鼎应征北上，现藏于中国国家博物馆。自此盂、克双鼎，镇守南北，见证中华民族千秋伟业。

镇馆之宝 大克鼎

如果说，中国方鼎的代表是殷墟出土的后母戊鼎，那大盂鼎、大克鼎、毛公鼎（现藏于台北故宫博物院）三件西周重器可谓圆鼎的“标准器”。它们虽然分藏于三个博物馆，但均出

土于陕西宝鸡地区，另一个共同点是它们器内均刻有长篇铭文，兼具史料价值与艺术价值。

大克鼎器形高大雄浑，光摆在那儿，就自带强大的气场。它的颈部饰有三组对称的变形饕餮纹，以六道短扉棱相隔；腹部饰一条宽大的波曲纹，环绕全器一周。扉棱是青铜器上常见的装饰，一般为凸出的条状，可将器物上连续的图案分割开来，很像音乐简谱中的小节线。波曲纹是大克鼎最具标志性的纹饰，它打破了兽面纹的对称规律，通过带状纹样的连续起伏，产生一种韵律感，使静态的画面立刻灵动了起来，给人以活泼舒畅之感。

现在要一睹大克鼎的风采，需要到上海博物馆东馆的中国古代青铜馆，在这里，500 余件展品为观众呈现了中国古代青铜器产生、发展、演变的完整历程。

国宝撷英

《朱克柔缂丝莲塘乳鸭图》

很多文物知名度高，但一睹真容的概率实在太小，比如国宝级的帛画、漆画、绢（纸）本书画、丝织品等，原因是它们太过于娇贵，展出时对光线、湿度、温度乃至于微生物环境都有很高的要求。上海博物馆这一幅缂丝作品就是如此。

什么是缂丝？这是一种特殊的织法，以原色的生蚕丝作经线（竖向），用染成各色的熟蚕丝作纬线（横向），用特殊的方法进行织造。作为唯一不能被机器替代的织造工艺，缂丝被誉为“织中之圣”，其耗费工时极长，即便是老工匠每天也只能织几厘米，用“一寸缂丝一寸金”来形容毫不为过。

南宋的朱克柔就是一位缂丝圣手，《莲塘乳鸭图》是他唯一一幅有图题、籍贯名款和字章的作品。朱克柔将初夏的江南“缂”进了画中，水禽、山石、花卉均为实景写生，等比例缂织，一池光景在不同色块之间水乳交融得恰到好处，定格成千金不换的传世神作。

国宝撷英

粉彩蝠桃纹瓶

粉彩属于釉上彩的一个品种，先在烧好的素器釉面进行彩绘，然后再入窑烧制，这种工艺始于康熙年间，雍正朝趋于鼎盛。橄榄瓶是清代的流行器型，因其形似橄榄而得名。

此瓶以蝠桃纹装饰，“蝠”是“福”之谐音，而桃则是象征“寿”的图案，合起来寓意“福寿双全”，当属宫廷中为帝后祝寿之用，契合皇家对福寿康宁的追求。

粉彩蝠桃纹一般绘制在盘上，绘有此图案的橄榄瓶，世上仅此一件，堪称绝世宝瓶。可惜这件宝瓶长年流落海外，被人当作灯座使用。2002 年，香港张永珍博士在拍卖会上以 4150 万港元竞得此瓶，打破了当时清代瓷器拍卖的世界纪录，后来慷慨捐赠予上海博物馆，宝瓶总算有了最好的归宿。

文旅延伸

外滩建筑群

来上海旅游的人，没有不去外滩的。1500 米的外滩，就是一座无声的博物馆，华丽的建筑就像有起有伏的乐章，不仅构成了独一无二的天际线，还见证了过去 150 年风云变幻的历史。

每幢建筑都值得细细品味，比如：外滩 1 号·亚细亚大楼，建于 1916 年，当时是外滩最高的一幢建筑；外滩 13 号·海关大楼，比起建筑本身，楼顶的大钟更为出名，海关大钟与著名的伦敦大本钟同宗同源，出自同一家钟表公司，连报时的音乐《威斯敏斯特钟声》也与大本钟一致，后来几经反复，今天我们整点听到的是中国人耳熟能详的《东方红》。

上海外滩建筑群入选第一批“中国 20 世纪建筑遗产”名录，其繁华背后，也见证了中华民族与世界接轨的沧桑历程。

江西省博物馆

南昌市红谷滩区赣江北大道698号

20世纪，长江以南一些地区出土了大规模、高规格的青铜器，打破了“商文化不过长江”的历史成见。其中，江西新干大洋洲商墓出土的青铜器就是有力证明，这批文物，既受中原高度发达的青铜文化的影响与浸润，又具有浓厚的地方特色。

商伏鸟双尾青铜虎，有着又凶又萌的模样。侧面看，它双目圆凸，獠牙外露，身体匍匐，似乎正蓄势待发扑向猎物。再看一些细节，顿时又觉得它“萌萌哒”。这只虎长着两条卷曲的尾巴，非常奇特，虎背上立着一只气定神闲的小鸟，虎不惊鸟，鸟不惧虎，大小强弱间形成强烈的反差萌，此时的猛虎怎么看都像只温柔的大猫，有人昵称它“小鸟虎”。

镇馆之宝

大洋洲商墓文物精品

这只青铜虎是“虎王”，再来看一件“甗王”。“甗”字与“眼”同音，是蒸煮器的名称。这件鹿耳四足青铜甗不仅器形庞大，还有个独一无二的地方，一般的甗都是三足，而它是四足，目前来说是孤例。甗的双耳上有两只小鹿，一雌一雄，回首瞭望，十分乖巧可爱。

相信大家都熟悉三星堆标志性的青铜面具，大洋洲青铜器里也有一个“显眼包”——商双面神人青铜头像。面具双面对称，眼睛是两个圆洞，宽大的嘴巴里除了八颗牙齿，还露出两颗獠牙，头上像长着两只卷曲的犄角，半人半神，好似天外来客，极富神秘性。它的头顶有一段圆管，可以插羽冠；下端有一段方管，可以插在木柄上，上圆下方，与古人天圆地方的理念相通，寓意神人贯通天地的能力。这样造型的面具，除了它，再没有发现过同类。

国宝撷英

商活环屈蹲羽人玉佩饰

这件玉器是一件具有礼器功能的佩饰，同样出自大洋洲商墓，在中国玉器史上有着崇高的地位。它是像人又像鸟的“羽人”，如人一样屈臂蹲坐，但身体两侧雕刻有翅膀，脊背上刻满层叠的羽纹，它的头部像鸟，长着醒目的鸟喙。其造型来源于对鸟的崇拜，包含着沟通神灵、永生自在的思想。

羽人最珍贵之处就是其高耸的头冠后三个相套的“活环”，今天看起来很平常的如锁链一样的环扣，能出现在商代玉雕上那可不得了，因为这件玉雕为一整块玉料琢制而成，工匠们运用镂空、掏雕（现代工艺叫“活链”）的技法雕出活环，可见当时琢玉技艺之高超。在此之前，最早的活环套链实物是曾侯乙墓出土的十六节龙凤玉挂饰，而羽人的出现，将中国玉雕活链琢制技艺的历史提前了近千年。

国宝撷英

青花釉里红楼阁式谷仓

江西景德镇被誉为“千年瓷都”，这件出自景德镇的元代陶瓷雕塑代表了当时制瓷业的最高水平，是江西省唯一入选《首批禁止出国（境）展览文物目录》的国之瑰宝。

这是一件以谷仓为造型的陪葬品，仿照的是景德镇地区流行的祠堂戏台建筑，由二层主楼与两侧亭楼组成。楼阁采用的是中国古建筑中的最高规格——重檐庑殿顶，与故宫太和殿一样，为同类文物中的孤例。楼阁中有造型各异的人物，或怀抱琵琶，或弄笛吹箫，或翩翩起舞，好像正在上演一出精彩的乡戏。

这件谷仓是“一器四釉”，集青花、釉里红、青白釉、红釉四种高温釉彩于一器，极为罕见。从底层背面的墓志铭可知，瓷器烧制于元至元四年（1338年），是同类瓷器中唯一有明确纪年的。

文旅延伸

汉代海昏侯国国家考古遗址公园

参观完江西省博物馆，一定要再去看看海昏侯国国家考古遗址公园。海昏侯刘贺墓出土文物品类之多、数量之巨，创下了中国汉墓考古之最，让它近些年名声大噪，获得“北有兵马俑，南有海昏侯”之誉。

在遗址公园必看的有海昏侯国国都紫金城城址、海昏侯刘贺墓园以及陈列于专题博物馆内的文物精华。很多观众看完展览，直呼被这位西汉废帝的金子“亮瞎眼”，当然啊，478 件，超过 120 千克的黄金制品，海昏侯墓是中国考古史上出土金器最多的汉代墓葬，其炫目程度可想而知。不过，除了数量庞大的金器外，海昏侯墓有价值的文物还有很多，如青铜器、玉器、漆木器等，尤其是其中的上千枚简牍，墨书字迹仍清晰可辨，像刘贺写给汉武帝的奏折，早已失传的《齐论语》等学术经典，都是可能改写历史的无价之宝。

福建博物院

福州市鼓楼区湖头街96号

要看真正的汉服，马王堆辛追夫人的华服能让你大饱眼福，而说到宋代穿搭，就不得不提有南宋“衣橱一姐”地位的黄昇。

黄昇是当时妥妥的贵族仕女①，可惜她去世时只有17岁，家人们为她陪葬了整个衣橱——354件丝织品，其中服饰就有201件。

镇馆之宝
南宋黄昇墓褐色罗印花褶裥裙

广袖袍，是出席重要场合的大袖礼服，象征显赫的地位。黄昇墓出土了9件广袖袍，其中褐色罗镶彩绘花边广袖袍最为华贵，袖口异常宽大，接近膝盖，这与中国自古追求“宽衣博带”的审美密不可分。

所谓“上衣下裳”，宋代女子的下裳以裙子为主，搭配这件

① 父亲官至“泉州知州兼提举市舶司”，身兼泉州行政长官和海关关长；丈夫是宋太祖赵匡胤的十一世孙，属皇室宗亲。

广袖袍的为褐色罗印花褶裥裙，其质地轻薄飘逸，上窄下宽，形如折扇，它出土时保存较好，褶皱至今依稀可见。裙摆没有及地，便于露足，这种长度的设计与宋朝开始流行的缠足之风有关。

古人和我们现在一样，也讲究服饰的层次感，喜欢“叠穿”，叠穿数量越多，地位越高。比如广袖袍里面还要叠穿夹衣与单衣；褶裥裙里穿开裆裤、合裆裤；贴身穿抹胸、背心等。

黄昇墓出土的大部分衣物以“罗”为主要材质，它轻薄透气，又有很好的韧性与垂感，受到贵族阶层的欢迎。除了材质外，装饰技法更是考究，彩绘、刺绣自不必说，泥金、印金、贴金等用黄金作为装饰颜料的技法让衣物更显精美奢华。

到了宋代，福建逐渐成为中国三大纺织中心之一，“绮罗不减蜀吴春”这句诗称赞福建丝绸能与久负盛名的四川和江浙丝绸相媲美，黄昇墓的豪华衣橱就是明证。黄昇的生命虽如昙花一现，但定格了永不过时的宋式美学。

国宝撷英

五代闽国铜鎏金王延翰狮子炉

大唐之后是五代十国的分裂时期，统治区域与现在福建省大致相当的“闽国”就是“十国”之一。文物的命名，器物上的铭文是重要依据，这件香炉的沿口上有一圈楷书铭文，明确记载了“王延翰[①]”是主持铸造者，该物被供奉在“保福院”，铸造于唐天佑四年（907年）。果然，香炉就

① “开闽王”王审知长子，闽国第二位国君。

是在仙游保福院出土的，而它也成为五代闽国有铭文且纪年明确的铸器孤品。

香炉五足造型，是典型的唐代款式，而香炉盖上的“狮形钮”，可以说是中外佛教文化交流的一个例证。东汉时期，当时安息国（今伊朗地区）曾向中原王朝进贡了一对狮子，从此，狮子庄重威严、驱邪避凶的形象，随着佛教的传播，成为被广泛应用的艺术题材。中国有着悠久的熏香历史，香炉既是生活用具，也是宗教法器，透过它，仿佛闻到了繁华海上丝绸之路飘来的袅袅佛香。

波斯孔雀蓝釉陶瓶

国宝撷英

第三代闽国国君王延钧的妻子刘华墓中出土的三件孔雀蓝釉陶瓶十分引人注目。陶瓶器形硕大，形如橄榄，陶胎表面施蓝釉，在阳光下散发出碧蓝晶莹的光泽，犹如孔雀开屏时的斑斓，既神秘又高贵。

陶瓶具有浓郁的异域风情，明显不是中国的窑口烧制。原来这三件陶瓶是从西亚波斯地区沿着海上丝绸之路，漂洋过海，跨越万里来到福建的。

那它们是干什么用的呢？起初人们也不清楚，但后来发现三件石雕器座后，才恍然大悟。原来陶瓶的底儿很小，稳定性差，而扁圆形且中间凿有圆孔的石座，正好用来固定陶瓶，瓶内盛满油，在墓室内作为“长明灯”使用。

文旅延伸

世遗之城——泉州

2021年，“泉州：宋元中国的世界海洋商贸中心”申遗成功，是中国为数不多的以城市名义列入世遗名录的项目。泉州，又名鲤城，而其“刺桐城”的称呼在历史上更为知名。在《马可·波罗游记》的描述中，泉州是当时世界上非常繁华的城市，商贸发达，“即便是地中海地区的香料中心亚历山大港，其香料贸易量尚不及泉州港的十分之一”。

作为宋元时期东方第一大港、海上丝绸之路的起点，泉州见证了千年来多种文明包容互鉴的恒久力量，积淀了丰厚的文化内涵。在泉州，佛教有开元寺，道教有清源山，伊斯兰教有清净寺，还有供奉妈祖的天后宫、泉州府文庙、香火最旺的关帝庙等。

“半城烟火半城仙”，泉州美食遍地，大街小巷充满了浓浓的闽南古早味。正如白岩松所言，泉州是“你一生有机会至少要去一次的城市”。在泉州，适合放慢脚步“city walk”，去感受这座“世界的古城、活着的古城”。

台北故宫博物院

台北市士林区至善路二段221号

有些文物的出名，是因为攒足了人气。比如翠玉白菜，原本是内廷永和宫的一件陈设盆景，比它贵重的文物多了去了，但它很讨观众的巧，很多人到台北故宫博物院，最先要看的就是这棵“菜”。

的确，它的亮点就在一个“巧”字上。中国古代对玉的认定标准，要越白越透为好，越没有瑕疵越好。这样的玉多为单色玉，比如和田玉。这棵白菜的玉材是翡翠类的硬玉，而且上有俏色，有绿有白混杂在一起，如果是块未经雕琢的原石，未必招人喜欢。但有了玉匠的巧思，运用翡翠的俏色，顺色取材、因材施艺，它便成了天工造物和巧匠灵感的完美结合。

工匠以翡翠上浓重的深绿色表现层层包覆的菜叶，白色部分虽有裂痕及杂质，但在巧妙安排下，转化为饱含水分的白菜茎部，新鲜得就像是从地里刚拔出来的一样；菜叶顶端的蝈蝈和蝗虫，腿上的锯齿清晰分明，仿佛下一秒就会跳走，瞬间带来了鲜活的田园气息。当然，还有“白菜”谐音“百财”，昆虫象征多子多孙（“螽斯衍庆”）等吉祥寓意。

镇馆之宝

翠玉白菜

文物接地气，自然受欢迎，与之类似的还有一块“最贵的红烧肉”。这是一块出自内蒙古的玛瑙石，色泽纹理皆天然形成。工匠将原石抛光，让其表面更加油润，再将表面的石皮染色，使之有一种被烤过的焦脆感，最后用巧雕的手法雕出表面的毛孔。这块“肉”肥瘦层次分明，毛孔和肌理都逼真展现，看上去完全就是一块肥而不腻的东坡肉，让人忍不住流口水，故称“东坡肉形石”。人们戏称台北故宫博物院的三大镇馆之宝合起来就是一桌饭——一口锅（指毛公鼎）、一块肉和一棵菜。

国宝撷英 毛公鼎

毛公鼎这“一口锅”可不简单，光是它腹部内壁497字的铭文，就让后世学者持续考释了170多年。细读这篇洋洋洒洒的“青铜史诗”，西周宣王中兴的遥远历史，缓缓呈现在世人面前：宣王的叔父毛公，受天子之命全权治理国家，后经天子赏赐而制此鼎。

为什么青铜器上的铭文如此重要？因为它能在一定程度上补文献史料之缺。比如记录西周历史的《尚书·周书》仅有19篇，相比之下，毛公鼎铭文作为当时留下的第一手资料，可谓“抵得上一篇《尚书》”的“信史”。

书法家们对毛公鼎的大篆铭文历来推崇备至，其既浑厚又流畅，笔力沉雄兼气度轩昂，凝重而不失典雅，谈金文书法就绕不开它。

快雪时晴帖

国宝撷英

偌大的紫禁城里有间 8 平方米的斗室，却是乾隆皇帝一生中最爱待的地方，这就是位于养心殿西暖阁的“三希堂”。为何将书房命名“三希”？乾隆爷在《三希堂记》里称：“内府秘籍王羲之《快雪帖》、王献之《中秋帖》，近又得王珣《伯远帖》，皆稀世之珍也。”小小书房藏着三件书法稀世珍品，因而得名。

《快雪时晴帖》是一通问候友人的信札，笔法圆劲流畅，笔意贯通，具有羲之“新体”所特有的“妍美流便”之艺术美感。

虽然学术界认为该《快雪时晴帖》非王羲之原迹而是唐摹本，但乾隆认定是真迹，对之痴迷不已，到了什么程度呢？自乾隆十一年《快雪时晴帖》进入清内府以来，49 年间，乾隆在上面题跋了 71 次，盖了 172 个大小不一的印章，把前隔水和尾纸加长到 5.5 米，而在最重要的本幅纸上，王羲之也才写了 4 行 28 个字。

文旅延伸

士林夜市

台北这座城市的灵魂，不在忠孝东路，不在101大厦，而在士林夜市。士林夜市为台北市最具规模的夜市之一，是观光游客造访台北必游的地方。夜市主要分为两个范围，一是传统阳明戏院周边的街道；另一边则是经过改造的基河路士林市场。

拥挤的小摊和桌椅，满是味蕾大开的食客，构成一幕嘈杂而有序的画面。无论是蚵仔煎、臭豆腐，还是大肠包小肠、珍珠奶茶，地道的台湾小吃一定让你流连忘返。士林夜市，不仅仅是台北的味道，更是中国人的味道。

重庆中国三峡博物馆

重庆市渝中区人民路 236 号

阙是汉代建筑唯一的遗存，完整保存下来的极少。阙为石质，左右对称，形似门而中空缺，中间形成道路，“阙”就是缺，由此得名。如果说汉代的建筑群是一组交响乐，阙即为序曲，一般立于宫殿、祠堂或陵墓建筑的开端，有着重大礼仪象征，彰显威仪与高贵。

走进重庆中国三峡博物馆大厅，第一眼看到的就是这件镇馆之宝。它便是在三峡文物保护抢救工作中，出土于重庆忠县乌杨镇的“乌杨石阙”。其为双子母石阙，差不多有两层楼高，立于楼梯两旁，俨然博物馆的“台柱子”。

镇馆之宝

乌杨石阙

汉阙重要的价值在于楼部的建筑和阙身的浮雕。阙顶逼真地模仿了汉代木构建筑的形状和构造，有着重要的历史研究价值，是研究汉代建筑的活化石。乌杨石阙的阙身上雕刻着 2 米多长的青龙、白虎造像，还有一只朱雀图案，造型生动，展现了汉代雕刻艺术神韵，从中也可看出汉代盛行的神灵崇拜。阙身上还有题材丰富的雕刻，如习武图、送行图、狩猎图等，表现了巴人“尚武”的风气，也生动再现了当时的生活场景。无论是体量还是品相，乌杨石阙在现存汉阙中都属上乘，根据石阙的造型和雕刻风格推断，其建造时间大致在东汉末年至魏晋时期。

国宝撷英 虎钮錞于

巴国，与古蜀国、古滇国一样，在史书上并没有留下太多文字的记载，却真实存在过，甚至辉煌过。这件青铜器正是神秘巴国的见证。錞于兼属乐器与礼器，盛行于战国至西汉前期，在长江流域及华南、西南地区都有发现，其中以巴人故地的发现最为集中，是巴文化的代表。

这件錞于造型厚重，形体硕大，像一位肌肉饱满、英武健硕的男人，有“錞于王”之誉。其上部的钮作虎形，栩栩如生，不怒而威，是巴人“虎崇拜”的重要例证。虎钮的周围有五组神秘的图案：椎髻人面、羽人击鼓与独木舟、鱼与勾连云纹、手心纹、神鸟与柿蒂纹。这些“图语”是巴人的神秘语言，介于图画与文字之间，有的甚至具备了象形文字的特征，其中羽人击鼓与独木舟被选取为重庆中国三峡博物馆外墙浮雕的中心图案。

国宝撷英 景云碑

碑一般分墓碑和纪功碑，通常以墓主人、被称颂的人或纪功地点来命名。此碑为东汉朐忍（巴郡属县）县令雍陟为纪念70年前的同职官员景云而立，称颂景云“政化如神”的卓越功绩，属于纪功碑。

景云碑出土时品相极佳，碑侧为青龙、白虎的浮雕，碑首作三重晕纹，自左向右延展开来，每重晕上分别刻有图像：左侧为一朱雀，右侧为一兔首人身形象，此二者即象征日、月的“金乌”和“玉兔”，也有学者将右侧图像解释为持药仙人。正中为“妇人启门图”，这扇门是仙界与世俗的分界，寓意景云可由此进入仙境。

景云碑立于东汉熹平二年（173年），367字隶书碑文笔法淳古，点画峻整，波挑飞动。有学者称赞道：“而就所见之雕饰、书法，即足以颉颃中原，堪称汉代西南第一碑。”

文旅延伸

黄桷坪涂鸦艺术街

原本破旧的一条老街，在四川美院师生的妙笔下，再次被赋予新的生命力，由此成为6D魔幻重庆一处独特的存在，这就是位于重庆市九龙坡区黄桷坪辖区的涂鸦艺术街。艺术家们在这里以墙壁作画布，丰富多彩的涂鸦涵盖了从抽象艺术到社会性主题的各种风格，展示出极具个性和创意的作品。

大名鼎鼎的“交通茶馆”也在这条街，这是重庆唯一一家保存了20世纪80年代风格的老茶馆。电影《疯狂的石头》上映后，作为取景地的“交通茶馆”名声大噪，逐渐成为大家来重庆旅游的一个热门打卡地。一间小小的茶馆刻录了老重庆的市井生活，保留了自在的烟火气，在这里点上一壶茶，能让人褪去都市的浮躁，独享片刻抽离的那份沉静。“交通茶馆”是川美学生学素描的必去之地，在茶馆浸润下，诞生了如罗中立、何多苓等一大批著名画家。因此，在老重庆人眼里，“交通茶馆”不仅是重庆民俗活化石，也是中国美术的一大圣地。

贵州省博物馆

贵阳市观山湖区林城东路 107 号

提起铜车马，我们首先想到的是秦始皇陵附近出土的两驾，贵州也有两驾马车颇有名气，它们生动地展示了东汉时的贵州人出行坐什么车，最远去过什么地方。

藏于贵州省博物馆的这驾叫“辎车”，带有半封闭车厢，车棚卷曲呈“U”形覆瓦状是它显著的特点。车厢可载货，拉得多，不怕风吹雨淋；车厢还可以住人，就像一个移动的旅馆，免去了风餐露宿之苦。车棚轻薄如纸，车后装饰着镂空的花板，车厢上装饰有席纹和云纹，出土时车厢内还发现有纺织品残留物，这些细节，体现了东汉夜郎国军队的装备之精良。

东汉铜车马

镇馆之宝

车华美，马威武。车前的马由首、尾、颈、足、躯、耳等 11 段装配而成，除双耳外，其余 9 段均为空心浇铸，以子母扣套合，可随意拆装。马的神态逼真，昂首翘尾，张嘴露齿作嘶鸣状，修长矫健的四腿似在有节奏地前行。整套车马按照真实尺寸制作，所用构件近 300 个，采用了浇铸、锻打、压延、扣合、焊接、鎏金等复杂工艺，就像一辆豪华版“越野车”。贵州出土的另一驾铜车马，形制是“轺车”，其最大的特点是车厢四面敞露，可以四处远望，而且只有官吏贵族有资格乘坐，可以理解为“公务敞篷车”。

铜车马体现了古代“中国制造”的技术水平和艺术审美，更重要的是，它们成为夜郎外通僰道（今四川宜宾）的历史见证，彰显着夜郎文化与华夏文明的交流融合。

国宝撷英

北宋韩琦楷书札卷

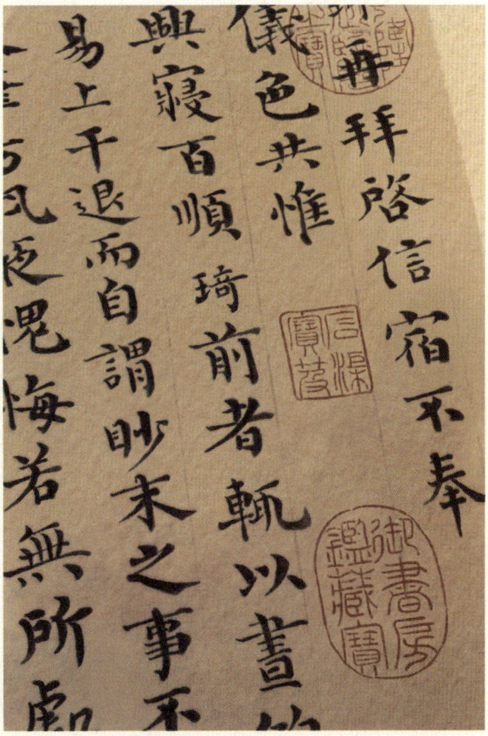

北宋名臣韩琦，与范仲淹共同抵御西夏，并共同主持庆历新政，历侍三朝，为稳固北宋政局功劳卓著。他留下来的真迹国内仅此一卷，为“海内孤本”。

韩琦楷书札卷是《信宿帖》《旬日帖》与后世 13 段题跋的合裱之卷，著录于《石渠宝笈》之中，《信宿帖》还作为传世法书入选《三希堂法帖》。法帖的命名，一般取书帖上第一句话中的两个字或多个字，《信宿帖》即得名于第一句话“信宿不奉仪色”，这是韩琦给欧阳修写的一封感谢信，感谢他为自己的园林“昼锦堂”作记。

宋代的士大夫在做官之余，很讲究生活情趣，有很高的精神追求，以文赠友、以书赠友皆是常事。韩琦和欧阳修相交几十年来保持通信，《欧阳修全集》中保留下来的两人信札就有四十五封之多。这幅书卷另一个有价值的地方就是元代九位文人留下的 10 段题跋，元人存世的书法墨迹不多，这些题跋中有行书、楷书、隶书、草书，填补了元代书法史的一些空白。

国宝撷英

鹭鸟纹彩色蜡染褶裙

民族文物是贵州省博物馆的特色馆藏，其苗族服饰与苗族银饰的数量居全国第一。这件不晚于 11 世纪的蜡染裙，是我国目前最早的彩色蜡染刺绣实物，被誉为“蜡染界的老祖宗”。

一般的蜡染裙只有蓝白两色，而它还有纯植物染料染出的黄色部分，色彩更加丰富，填补了我国蜡染史的空白。裙腰为白色麻布，裙身为棉质土布，蜡染纹样也分上下两个部分：上部以飞翔的鹭鸟为主，下部以流云为主，线条流畅纤细，技艺炉火纯青。两部分纹饰以黄蓝色为底衬，且呈浓淡之分，显然是经过两次封蜡所呈现的效果。除了蜡染之外，这件褶裙还使用了挑花、刺绣等工艺。

文旅延伸

遵义海龙屯

无论是黄果树瀑布还是荔波小七孔，贵州的自然美景令人神往。但贵州省第一处“世界文化遗产”——海龙屯遗址就没那么知名了。海龙屯始建于南宋，毁于明万历年间的平播之役，是中国西南地区历史最久、规模最大、保存最完整的土司城堡，比著名的秘鲁马丘比丘还早200年。

海龙屯位于遵义市汇川区龙岩山东麓，周围都是绝壁，地势极为险要，仅有一条小道通往山顶。屯上建有九关，包括前六关和后三关，关隘以石块垒砌成高大的城墙，各关之间有护墙相连。在飞虎关前陡峭的山梁上，有一条“三十六步天梯”，每级条石阶梯有半米高，需要手脚并用才能登上去。海龙屯值得来，但要有好体力才能挑战完全程。

四川博物院

成都市青羊区青华路5号

这是一件用来盛酒浆的大型器皿，肩上有兽面衔环，头上有三个鸭形钮，铜壶身上有三圈纹饰，将壶身分为四层，每层图像采用错金银工艺，图像内容丰富、结构严谨，为我们了解战国时代社会生活与战争形式提供了可靠的形象资料，而这一类的青铜装饰图画，对汉代的画像石、画像砖有着直接的影响。

第一层分两个部分，左边是射箭的场面，右侧是一组采桑的画面，说明战国时期蜀地桑蚕业的发达。

第二层也分为两部分，左边是宴饮歌舞的场景，右边是弋射[1]和练习射靶的场景。

水陆攻战纹铜壶

镇馆之宝

① “弋射”就是在箭尾系丝（这样的丝线叫“缴”），箭射出后还可以把箭收回。

第三层是整个壶身最精彩的部分，描绘的是战国时期水陆攻战的场景。先看水战，两条对攻的双层战船上飘扬着战旗，上层的兵士正在厮杀，持长兵器的或刺或钩，持短兵器的近体肉搏，右船有泅水的战士，伺机夺取敌船，左船尾部有人擂鼓助战。这是考古资料中最早展现水战场景的图像，尤为珍贵。再看陆战攻城场景，颇为惊心动魄，图中的横线代表城墙，斜线代表云梯，守城的一方有弓箭、礌石，攻城的一方有云梯、长矛，明显攻的一方处于下风，有人从云梯上摔下，有人已经身首异处。

第四层有狩猎和双兽桃形图案，描绘的是猎人捕猎的场景。铜壶器身上还有神秘的“巴蜀图语[①]”，与重庆中国三峡博物馆那件战国虎钮錞于类似。

仅有 40 厘米高的壶面上，竟刻画了 200 多个人物形象，个个都有特色，而这种绘画与雕刻相结合的技法，开创了战国时期青铜器装饰艺术的新格局。

① 指四川地区青铜器上出现的一些神秘图案，推测可能是古蜀人的文字，但至今未能破译。典型的“图语”有虎纹、手心纹和花蒂纹。

画像砖，顾名思义，就是印有各种画像、花纹的建筑用砖，不过这样的砖不是用来砌房子，而主要用于墓葬中，用来装饰墓室。

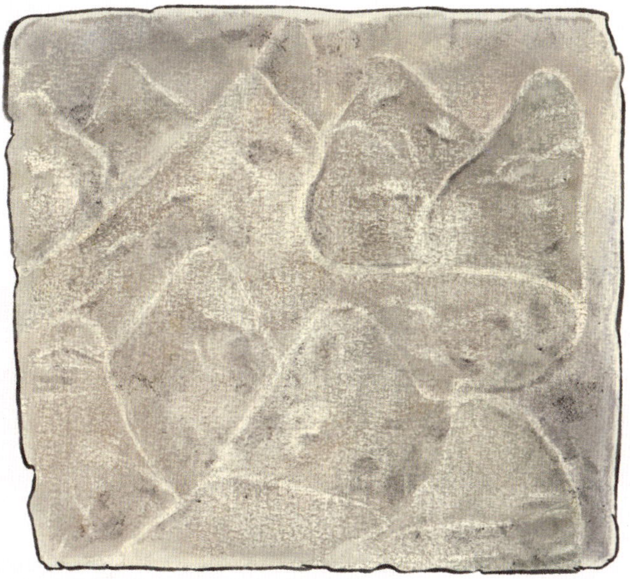

国宝撷英 东汉制盐画像砖

巴蜀地区是中国乃至世界盐业的起源地之一，史载战国时期巴蜀就已开凿盐井、汲卤（指抽取黑色的含盐量极高的卤水）煮盐。秦在此设盐官，至汉代，四川地区的井盐制作已经具有一定的规模，分工细致，工具完备。

这块画像砖生动展现了汉代制盐的情景：画面左下角有高耸的井架，架上安置有辘轳，用以转动系在绳索上的吊桶，交替汲卤，高架旁有一卤槽，将卤引入煮盐的釜内，釜下架设有灶，有人正奋力扇烧起的熊熊烈火。除了用薪柴作燃料，两千年前的巴蜀先民已经学会利用“天然气”煮盐了，真是了不起！

国宝撷英

五代前蜀 王建玉大带

“前蜀”是五代十国之一，王建是开国皇帝，定都于成都。他的墓“永陵”也在成都，是国内唯一一座墓室建在地表之上的帝王陵寝。

永陵里出土了一条玉大带，这是唯一一件能够确定为帝王本人所使用的玉带，也是五代时期唯一完整的成套玉带。玉大带由玉带銙、铊尾组成，带銙是革带（称为“鞓”，已腐）上的装饰片，带銙以玉质最为尊贵，也有金等其他材质，带銙块数多少和纹样的差异，直接代表着官阶和身份的不同；铊尾是腰带末端的装饰品，一般是腰带上最精美的部件，带銙和铊尾上都有小孔，用线或银丝固定在革带上。

王建的这条玉大带玉銙有七方，均浮雕团龙戏珠图案，铊尾浮雕龙戏火球图案，背面阴刻铭文，记载了制作玉大带的原因及铊尾和带銙的尺寸，是重要的文献史料。

文旅延伸

三星堆博物馆、金沙遗址博物馆

广汉三星堆是古蜀国都城遗址，系长江上游古代文明中心。三星堆每一次考古发掘，都会掀起一阵文化热潮。金沙遗址位于成都市区，是继三星堆后古蜀王国的都邑。这两处遗址对于探索古蜀文明及中华文明的发展，重要性不言而喻。近期，三星堆和金沙遗址联合申遗已提上日程，初步确定以“青铜时代的古蜀文明”为遗产项目名称。

三星堆博物馆新馆刚开放不久，官方推荐了青铜大立人、青铜神树、戴金面罩青铜人头像、青铜纵目面具、金面具、金杖、玉璋等 11 大必看馆藏。现在三星堆考古仍在继续，博物馆的文物修复区值得参观。

金沙遗址博物馆的遗迹馆可以零距离接触考古现场，陈列馆里有成为中国文化遗产标志的“太阳神鸟金饰”、青铜小立人等典藏珍品等你打卡。

云南省博物馆

昆明市官渡区广福路6393号

这是一件古滇人盛放祭品的礼器，“案”又称“俎”，虽然这个器型在中原很常见，但在已出土的滇国青铜器中仅此一件。此铜案由一虎二牛组成，一头背部高耸的壮硕大牛笔直站立，牛背内凹形成椭圆形案面，一只猛虎紧咬牛尾，四爪牢牢抓住牛身，呈后仰蹬拽的姿势。在大牛的腹下，有一头小牛横着站立，与大牛猛虎形成十字交叉的形状。

大牛双目怒视前方，透出一种承受攻击时的隐忍；小牛目光平静，表现出接受庇护的安然，有人把这个画面解释为“母牛护犊”。也有另一种说法，大牛被老虎咬噬，代表“死亡”，小牛从大牛腹下走出，代表“新生”，这既是现实世界食肉动物与食草动物“弱肉强食”关系的真实反映，也包含了滇人对人类终极命题的认识和理解：死亡孕育新生，生命轮回流转。

战国牛虎铜案

镇馆之宝

最令人叫绝的，还是牛虎铜案“力与美”的完美结合。大牛因遇险而向前倾斜，加上一对巨角前伸，会给人以重心前移和摇摇欲坠的感觉，而尾端猛虎的后仰拖拽则使案身恢复平衡，这一前一后的力达到了一个相对平衡点。大牛腹下横置的小牛，更是作为一个支点和重心，增加了案身的稳定感，保持了整个案的平衡与美观。

在古滇国，虎为百兽之王，象征权威，牛则是财富和生命的标志，因此，虎噬牛成为滇国青铜器中常见的题材。在云南少数民族文化中，牛既是祭祀活动中的高级“牺牲”，更是各民族节日庆典中的“吉祥物”，成为一种民族精神符号，传递着滇人对风调雨顺、生命繁衍、国泰民安等美好愿望的渴求。

国宝撷英

叠鼓形战争场面铜贮贝器

古滇国贮贝器是云南青铜文化的典型代表，其地位与中原的“鼎”相当，是财富、身份、地位的象征。

贮贝器是贵族专用的“存钱罐”，其贮藏的具有货币功能的“贝”，是来自印度洋的珍贵海贝。滇国并不临海，这些贝币很可能是贵族们购买国外商品的“外汇”，证明战国到西汉时期，中国西南边陲与外界有着频繁的贸易往来。

这件叠鼓形战争场面铜贮贝器，共塑人物22人，马5匹，再现了滇人与昆明人交战的场景，人物发饰、盔甲及马具等器物特点皆一一呈现；它与“滇王金印”一同出土，证明了史书上记载甚少的古滇国的真实存在，被誉为“立体的史书”。

国宝撷英

宋大理国银鎏金镶珠金翅鸟

在云南省博物馆入口前，大理崇圣寺三塔广场上，以及云南很多地方，都可以看到一只金灿灿的鸟形雕像。它的原型其实很小，仅有18.5厘米高，为什么会有如此高的地位呢？

这件文物是在崇圣寺千寻塔（三塔之主塔）塔顶被发现的，属于北宋大理国遗存。金翅鸟为银质，通体鎏金，头饰宝冠，昂首展翅，羽翅内卷欲飞，两爪锋利有力，立于莲花座上；身后有镂空火焰形背光，并镶嵌有五颗水晶珠。

金翅鸟为何被放置在崇圣寺主塔塔顶呢？相传金翅鸟以龙为食，而大理洱海容易发生水灾，当地人认为是邪龙作怪，于是请出大鹏金翅鸟，用来慑服恶龙，消除水患。因此，金翅鸟便成为大理国的守护神。

小小的金翅鸟，却是使用了铸造、捶压、錾刻、焊接、鎏金、镶嵌等多种繁复的工艺制作而成的一件顶级工艺品，它与众多崇圣寺三塔发现的文物，都是了解南诏、大理国和云南宗教艺术的重要资料。

文旅延伸

大理古城

大理是文艺浪漫的旅游目的地，是很多人心目中的“诗与远方”。现在的大理古城主体建筑群大部分都是明清时期形成的，但它在历史上的高光时刻还是作为南诏、大理国的都城之时。

一千多年前的大理，是世界的十五大城市之一，虽次于北宋都城汴京，但排位居然在北京、西安、洛阳之上，令人惊叹。目前值得参观的南诏、大理国遗迹有太和城遗址及南诏德化碑、崇圣寺三塔、石钟山石窟等。

西藏博物馆

拉萨市城关区罗布林卡路19号

这件文物由两个完全相同的袋形陶罐连缀而成，且表面饰以大量刻画纹饰和朱、墨两色彩绘，故命名为“朱墨彩绘双体陶罐”。双体的纹饰略有差别，一体以双钩三角折线纹为主，只在纹外饰彩；另一体以双钩菱形纹为主，纹内外均施彩；双肩各以剔刺双带纹作装饰。其因悠久的历史、精美的制作工艺、独特的造型艺术，成为新石器时代西藏陶器的点睛之作，西藏博物馆的馆徽设计也脱胎于此。

双体陶罐口呈喇叭状，肩颈部有一对孔钮用于穿系绳索，造型标新立异，已超出了日常用品的范畴，应是供奉于神坛之上，作为祭祀和庆典之用的礼器。在生产力水平极端低下的史前时代，先民们出于对自然万物的恐惧和崇拜而实施巫术，试图通过祭祀活动与神灵沟通，进而获取丰收、免去灾祸。这件双体陶罐，正是蛮荒时代人神沟通的媒介，是卡若人[①]精神的依托。

镇馆之宝 朱墨彩绘双体陶罐

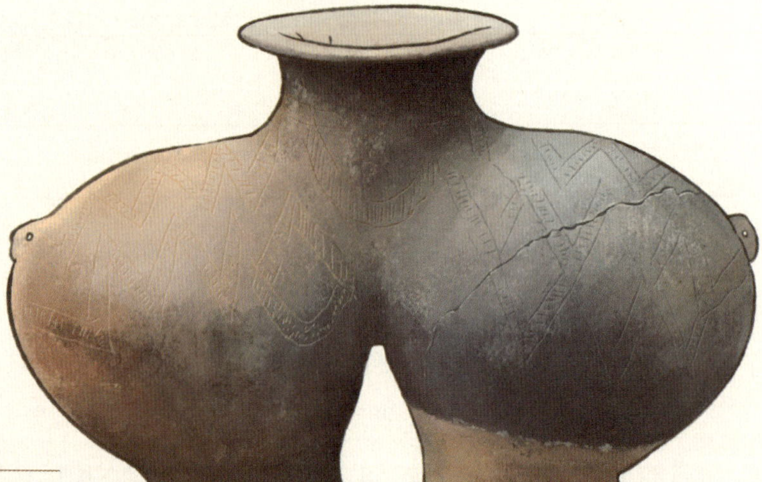

① 指西藏昌都新石器时代卡若文化遗址的先民。

陶罐出土于西藏昌都卡若遗址，这是迄今为止我国发现的海拔最高、经度最西的一处新石器时代遗址，也是西藏自治区发现的第一处原始社会村落遗址。遗址所代表的原始文化具有浓厚的地方色彩，比如，双体陶罐上的菱形图案以朱色和墨色区别开来，朱墨两色的搭配有着强烈的视觉冲击力，多见于马家窑文化彩陶。可见，双体陶罐是多元文化互动结出的艺术果实，原始时期的卡若地区与周边地区已产生文化的交融互动。

考古学家霍巍教授提出，卡若遗址首次以丰富的实物资料揭示出西藏高原史前人类社会的真实面貌，将西藏的远古历史提前到距今约 5000 年前左右，促使人们以新的眼光和视角来重新审视西藏古代历史。

国宝撷英

普度明太祖长卷图

明永乐五年（1407 年），却贝桑波[①]抵达南京，并在南京灵谷寺设普度大斋，为去世的明太祖朱元璋夫妇举行盛大的法事活动。据传，其间出现了众多奇异祥瑞之象，永乐皇帝朱棣命画工将其绘制并用文字记录了下来，从而形成了这部长达 50 米的巨幅长卷。

① 为藏传佛教噶玛噶举派黑帽系第五世活佛。

该图卷共 49 幅，内容是“荐福”时出现的各种祥瑞景象，或彩云缭绕，或仙人降临。长卷每幅图右侧附有由汉文、突厥文、察合台文、藏文、蒙古文（学界说法不一）组成的图注，共 22 段，这也是中国历史上仅有的一件用这五种文字写成的题记，弥足珍贵。

由于超度法事的成功举行，永乐皇帝封授却贝桑波为“大宝法王”，并将这幅画卷赠送给了他。从此，《普度明太祖长卷图》来到了青藏高原。

金奔巴瓶

国宝撷英

到西藏博物馆参观，有一件文物绝对不能错过，那就是金奔巴瓶。“奔巴”是藏语，也译作“本巴”“贲巴”，意为瓶，金奔巴瓶就是金瓶。该瓶瓶身似小型佛塔，松石、蜜蜡、珊瑚、青金石镶嵌在瓶口四周，与祥云图案相得益彰，据说乾隆皇帝亲自参与了设计。

金瓶与藏传佛教活佛转世制度密不可分。包括达赖、班禅在内的活佛圆寂之后，要根据其生前遗言或种种征兆，去某个指定的范围寻访灵童，然后将寻访到的灵童的名字、出生信息等书写在象牙签上，放入金瓶内并供奉在大昭寺释迦牟尼 12 岁等身像前诵经七日，之后在驻藏大臣的主持下，由威望极高的活佛抽签选定。这个过程就叫“金瓶掣签”。

金瓶掣签制度规范了宗教仪轨，确立了中央对活佛转世的最终认定权，从而加强了中央对西藏宗教的管理，在历史上发挥了重要的作用。

文旅延伸

布达拉宫

到西藏旅游必看布达拉宫。松赞干布创建吐蕃王朝，迁都拉萨，在此修建红山宫，这就是布达拉宫的前身与基础，“布达拉”是梵语“普陀洛迦”的藏文音译，与观音菩萨道场普陀洛迦山同名。

布达拉宫主体建筑为红宫与白宫，前者安放着八座达赖灵塔，庄严而华丽，后者是达赖生活的寝宫。红宫代表神圣，白宫代表权力，象征政教合一。大量经书典籍、金银玉器，数百座佛塔，上万尊塑像，还有令人惊叹的唐卡与壁画汇聚于此，供人们欣赏与膜拜。

广东省博物馆

广州市天河区珠江新城珠江东路2号

广东潮汕地区（潮州、汕头、揭阳），不仅是“世界美食之都”，还是中国四大木雕之一的潮州木雕发源地。潮州木雕是首批国家级“非遗”，“金漆”是其最明显的特征，通常在作品完成后，工匠会在表面上漆、贴金箔。这个过程非常繁复，器物表面涂漆三遍以上，再涂上一层金胶漆，待金胶漆层将干未干之时，用软刷将金箔逐片粘上，所以“金漆木雕”就成了潮州木雕的代称。

镇馆之宝 金漆木雕大神龛

潮州木雕首选的木料是樟木，因为樟木木质柔润，易入刀雕刻，而且还能天然防蛀。木雕与潮汕居民的日常起居息息相关，屏风、床榻、橱柜、椅凳，这些生活物件往往以木雕为饰。“虾蟹篓”是潮州木雕最具代表性的艺术表现题材，匠人的灵感与潮汕临海的地理环境分不开，可以说“将海鲜刻进了DNA”。

神龛是潮汕民间的礼祭用具，其中供奉的“神”，与宗教无关，而是家族的祖宗神位。潮汕人聚族而居，宗族观念极强，每逢重要的节日，族人都会在祠堂家庙祭拜祖先。神龛是潮州木雕制品中做工最讲究的一种，当然要饰以高规格的金漆，把神龛做得辉煌而精细，传递出的是对血浓于水之骨肉亲情的重视。

广东省博物馆的这件金漆木雕大神龛，并不是古代文物，它雕造于 1935 年，论高大与精美，在传世神龛中极为少见。大神龛以精湛的多层次镂雕技法，以当地传统戏剧“潮剧”为题材，人物、花鸟、山水，纤毫毕现、惟妙惟肖，流光溢彩、密而不乱。

落叶归根，是中国人对家永远的牵挂，纵然四散海外也不忘祖国山河。金漆木雕大神龛见证着一个家族的历史过往，更传承着中国人家国的根和魂。

国宝撷英

清光绪千金猴王砚

“笔墨纸砚”文房四宝大家都不陌生，其中的“纸、笔”沿用至今，但“墨、砚”已不多见。现在大众写书法为简便起见，一般都用墨汁，讲究的书家或者还会用到传统的墨锭和砚台，他们认为墨条在砚台上研磨出的墨，书写效果更好。

中国有“四大名砚”之说，普遍认为端砚居其首。唐代李贺有句诗可谓端砚最好的广告语：“端州石工巧如神，踏天磨刀割紫云。”端州就是今天的广东肇庆，那里有许多出产优质砚石的名坑，这件砚台就是有名的“老坑”所出的名砚。论石质，温润细腻；论石色，通体紫蓝；论石品（砚石花纹），有一大块被称作“鱼脑冻”的上等花纹，像一只侧蹲回首的猕猴，栩栩如生。匠人将此花纹作为砚堂（砚台中心的研墨处），将砚面及砚背巧妙设计为花果山、水帘洞的意境。侧面有“千金猴王砚”的隶书题款，想必“千金”二字就是为了说明这方砚台千金难求的价值。

国宝撷英

元海康窑釉下褐彩凤鸟纹荷叶盖罐

瓷器的产地，俗称“窑口”，在全国星罗棋布的窑口中，广东“雷州窑”（又称“海康窑”）知名度并不高，但一件元代瓷器的出土令世人对其刮目相看。

雷州窑创烧于晚唐，兴于宋，盛于元，有近千年的烧制史，是古代广东陶瓷生产重要基地之一，与广州窑、潮州窑并称为“广东三大名窑”。从这件瓷器的命名可以解析出其独特之处：“釉下褐彩”是雷州窑典型的装饰工艺，提到元代瓷器，人们总是首先想到大名鼎鼎的元青花、釉里红，殊不知元代恰好是“青釉褐彩瓷”发展的巅峰时期；“凤鸟纹”在其他雷州窑瓷器上非常少见，罐身采用多层次构图，肩部以菊花纹衬托的双凤四鸟纹样，其艺术性远超同时期其他雷州窑作品；“荷叶盖”因其酷似卷边的荷叶而得名，如此造型的罐盖极为少见，更增添了瓷罐的稀缺性。

文旅延伸

沙面岛

沙面岛，曾称拾翠洲，因其由珠江冲积形成的沙洲而得名。这个占地仅 0.3 平方千米的小岛，曾是英法租界，见证了广州近代的巨变。这里拥有 54 处历经百年沧桑的建筑，被誉为广州的“小欧洲”。

岛上欧式风格建筑群体现了近代历史与租界文化的缩影，如露德天主教圣母堂、沙面基督堂、海关馆舍、英国雪厂和汇丰银行等，每一座建筑都独具特色。

沙面岛不仅是建筑的露天博物馆，也是文化艺术空间和时尚餐饮的聚集地。百年洋行旧址“变身”咖啡馆，展现西方新古典主义的建筑风格，成为体验广州独特历史风貌的绝佳场所。

走在沙面岛上，仿佛进入了一个文化与艺术交融、历史与现代并存的空间。游客可以漫步于街头巷尾，体验中西美食，到这里拍照也非常出片。夜晚的沙面岛别有一番韵味，欧式建筑在灯光的映衬下更显浪漫与典雅。

广西壮族自治区博物馆

南宁市青秀区古城路 21 号

岭南地区自古就是多民族聚居地，先秦时期被称为百越之地，广西分属西瓯、骆越。这对铜灯为凤鸟造型，成对出土，很巧妙地靠尾部与双足的支撑保持平衡，展现出飘逸优美的身姿。凤鸟顾首回望，嘴衔喇叭形灯罩，就像今天的抽油烟机一样。如果背部长柄灯盏里的蜡烛点燃，烟尘就会通过灯罩进入颈管，导入腹腔，溶解于早已盛好的水中，实现环保的功能。铜灯采用分铸法，灯盏、灯罩、颈管、身躯都能轻松拆装，还能调节光线的方向，是古人熟练掌控光明的智慧结晶。

如果说，具有环保功能、部件可灵活拆装、灯光可调节是汉代灯具的“标配”功能，像河北博物院的

镇馆之宝

羽纹铜凤灯

长信宫灯、陕西历史博物馆的彩绘雁鱼铜灯、南京博物院的错银铜牛灯等，都有这些特点，那羽纹铜凤灯有什么特别之处吗？还真有！秘密就藏在通体刻画的精细羽毛纹饰上，这是西汉流行于岭南地区的青铜“錾刻工艺”。中原的青铜文明传入岭南，与当地的文化交流融合，这对“双胞胎”铜灯就是有力的见证。

羽纹铜凤灯不仅是广西壮族自治区博物馆馆徽的原型，还是南宁机场新航站楼“双凤还巢”的设计灵感来源。

国宝撷英

翔鹭纹铜鼓

铜鼓，是广西最具代表性的文物，它既是乐器、礼器，又是权力与财富的象征，其在南方的地位相当于北方的鼎，拥有的鼓越多、越大，地位就越高。

这件翔鹭纹铜鼓是目前存世铜鼓中最为精美的一件，“鹭纹”是核心装饰纹样，在鼓身随处可见，它们或整齐飞翔，或低头站立，或衔鱼蹲坐，或引颈向上。鼓面有一圈衔鱼翔鹭围绕着象征太阳的十二芒星飞舞，类似四川金沙遗址太阳神鸟金饰。鼓身上刻画着羽人划船纹和羽人舞蹈纹，船头高翘，古越人头戴羽冠，表现龙舟竞渡和化装成鹭鸟的舞人翩翩起舞的场景，令

观者如临其境，如闻其声。岭南地区的百越人，在原始时期就开始依水而居，船是他们重要的交通工具，这些划船、捕鱼、竞技的画面，是我国早期行船、航海景象的生动见证。

漆绘提梁铜筒

国宝撷英

铜筒是典型的百越器物，其用途是盛酒，可借助提梁随处携带。器身漆绘有一组古老的“连环画”，讲述着生与死的永恒话题。漆绘从下至上分四段，每段都是一个独立的场景，组合起来情节连贯。

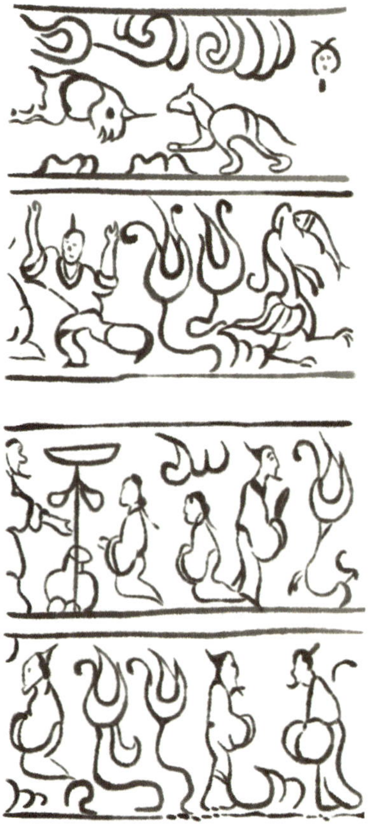

两位方士在做仪式前的准备，还有一只神犬，准备迎接墓主人；墓主人的妻妾来送行了，方士引导墓主人乘坐神犬往天国赶路；快到天国时，被镇守天门的白虎拦截，神犬与白虎搏斗，墓主人最终升入天国。漆画的逻辑与马王堆汉墓 T 形帛画有类似之处，而其中人物的服饰、造型，则可在诸如《人物御龙帛画》的战国楚帛画中找到源头。

文旅延伸

三街两巷

探索一座城，博物馆非去不可；认识一座城，历史文化街区不可错过。三街两巷是广西历史文化街区之一，位于南宁市中心，始建于宋代，拥有南宁市区唯一保留下来的清代至民国时期的民居群。

三街两巷指兴宁路、民生路、解放路三条老街和金狮巷、银狮巷两条明清古巷。这里有南宁城隍庙、邓颖超纪念馆、南宁建制博物馆、北宋邕州知州苏缄殉难遗址、金狮巷民居群等历史文化遗迹，生动地展示了自宋代以来南宁的历史变迁。

我们可以先参观金狮巷、银狮巷，感受岭南建筑的独特韵味；接着品尝南宁地道的美食，如老友粉、凉茶等；傍晚时分，灯光逐渐亮起，漫步其中，感受夜幕下的惬意与宁静。

海南省博物馆

海口市琼山区国兴大道 76 号

镇馆之宝

南宋"华光礁一号"沉船及出水瓷器

在海南省博物馆"南溟泛舸"陈列中，地上铺设有一大面玻璃，下面是一个深度超过 1 米的水池，511 块长木板整齐地静置其中。这些看上去残损不堪的木板，是我国在西沙群岛华光礁发现并打捞出水的一艘古沉船船板。虽然这些残存的船板只是二级文物，但它的意义非同寻常。

800 多年前的南宋，一艘制造于福建泉州的远洋木帆船，载着商队和一船中国珍宝，从中国东南沿海的港口起航，计划前往东南亚或更远的地方。不幸的是，在航行中遇到了较大的风浪，船体触礁沉没，止步于西沙华光礁，因此该沉船被命名为"华光礁 1 号"。

随船的陶瓷器品种庞杂，多为碗、盘、碟等日常用瓷，且同一种类数量多，包装成摞，应是成批生产的。它们绝大部分产自福建、广西等地的窑口，比起江西景德镇瓷器，虽然没有那么精致，但价格比较低廉，性价比高，容易被东南亚及南亚的消费

群体接受，是典型的“外销瓷”。

这艘开展对外贸易的商船，见证了宋元时期我国海上丝绸之路的繁荣，折射出中外经贸交流的源远流长，同时也证明了在海上丝绸之路上，海南岛始终扼航道之要冲的地位。

出水文物的保护与出土文物有本质区别，出水文物在海洋中浸泡了数百年，海水中的可溶性物质渗入了陶瓷器的空隙中，陶瓷器出水后，要进行脱盐、清洗凝结物等处理，否则器物会产生裂化。目前，海南省博物馆对船板及瓷器等出水文物的保护修复工作仍在继续。

国宝撷英

战国「越王亓北古」错金铭文青铜复合剑

还记得越王勾践剑吗？勾践的孙子“亓（qí）北古”也有几柄宝剑存世。海南省博物馆的这把是国家文物局调拨的，与勾践剑一样，它也有错金纹饰与错金鸟虫书铭文，“戉（越）王亓北古，自乍（作）元用之”证明了剑的归属。

还有另外两把“越王亓北古”剑，分别藏于上海博物馆和安徽安庆市博物馆。相比之下，海南省博物馆这一把器型更完整，品相更好，铭文更完整且色彩鲜明，而且剑身采用复合金属嵌铸（亦称双色剑），这是不同于另两把的地方。

春秋战国之际，吴越两国的君王拥有的天下名剑，如今成为我国兵器史上最珍贵的一类文物。

国宝撷英

宋代青白釉花口凤首瓷壶

这件文物也是来自国家文物局的调拨，它是宋代景德镇青白釉瓷器中的精品。主体以凤首为造型，壶口为盛开的四瓣花，大喙、大眼，凤首后部延伸出钩状长羽，渐宽的颈部有三道凸弦纹，丰肩圆腹，腹部有两道阴刻弦纹。

壶身胎质洁白细腻，釉色白中泛青，晶莹剔透，而它的造型显然受到唐代波斯金银器风格的影响，东方瓷的韵味与西方装饰艺术浑然一体，成为中西方文化交融的见证。

文旅延伸

儋州东坡书院

“问汝平生功业，黄州惠州儋州。”1097年，62岁的苏轼被流放到当时极为荒凉的海南儋州，但乐观豁达的生活态度让他在这里留下“载酒堂”，在此著述讲学，传播中原文化。

苏轼贬谪海南岛之前，整个海南从无一人考中举人或进士。在其影响下，海南诞生了第一位进士。“沧海何曾断地脉，白袍端合破天荒。”之后，海南人才辈出。苏轼在海南的文化发展史上书写了浓墨重彩的一笔。

明代更著名的东坡书院，成为后人景仰与践行苏轼遗风的场所，时至今日，书院依然留有初建时的东坡井等遗迹。